U0921520

丽衿 著

南方出版传媒
花城出版社
中国·广州

图书在版编目（CIP）数据

野地里的百合 ：丽衿诗文选 / 丽衿著. -- 广州 ：花城出版社，2018.6
ISBN 978-7-5360-7759-1

Ⅰ. ①野… Ⅱ. ①丽… Ⅲ. ①诗集－中国－当代②散文集－中国－当代 Ⅳ. ①I217.2

中国版本图书馆CIP数据核字(2018)第121548号

出 版 人：詹秀敏
责任编辑：林　菁
技术编辑：薛伟民　林佳莹
封面设计：庄海萌

书　　名　野地里的百合
YEDILI DE BAIHE
出版发行　花城出版社
（广州市环市东路水荫路 11 号）
经　　销　全国新华书店
印　　刷　佛山市浩文彩色印刷有限公司
（广东省佛山市南海区狮山科技工业园 A 区）
开　　本　880 毫米 × 1230 毫米　32 开
印　　张　13.125　1 插页
字　　数　200,000 字
版　　次　2018 年 6 月第 1 版　2018 年 6 月第 1 次印刷
定　　价　48.00 元

如发现印装质量问题，请直接与印刷厂联系调换。
购书热线：020－37604658　37602954
花城出版社网站：http://www.fcph.com.cn

祝福丽衿（代序）

鲍　十

我和丽衿认识十一载，是老朋友了。2006 年春，我在《青春》杂志上第一次看到丽衿的文字，写的是一个乡村女教师的情感生活，遣词温润，情思细腻，写出了生命的痛感，印象很深刻。我深以为，她是有着很好的文学感觉和文学才华的。之后，便决定代表《广州文艺》向她约稿，并且邀请她参加杂志社举办的文学笔会。我通过《青春》要到了她的电话，然后给她电话，我们就这样认识了。丽衿给《广州文艺》的第一批稿子里有一篇《被囚的童年》，我看了之后心里惊奇叫好。写童年的文章不少见，但这个短短的篇章，揭开了另外一个童年世界，生命早期的心理情状和人性样貌，描写精微、生动，读来简直有些惊心动魄：面对大人世界的荒诞感恐惧感、寂寥时空下欲望第一次萌发的一个阴暗地带、真切的无助和孤独……这个童年世界，意味极深。它只能出自作者深刻的体验，而不可能出于造作——文学圈子里，多见脱离生命本体体验，仅仅为了写出点什么而造作出来的文字，所以读到这样由心所出的文章，就很欢喜。我采用了这篇文章，把它发在了那一年的《广州文艺》上。这篇文章后来还登载在《散文》上（被编辑易名为《童年囚》），丽衿向我解释说这篇稿子给《广州文艺》之前，已投给《散文》一段时间了，并不知道《散文》会采用，还问我会不会因此生气。我说我怎么会生气，我只会高兴！其实在那第一批稿子里，有一篇文章我更喜欢：《在泥土里呼吸的人们》，作者以悲悯的情怀，回忆她童年时代在乡村所看到的人与动物的命运，显示了作者的敏锐和对生活深刻的洞察能力。但因为种种原因，几年后这篇文章才在杂志上与读者见面。

当时，丽衿还只是刚刚开始写作。我则是刚任《广州文艺》副主编不久，一心想把这份文学刊物搞好，珍惜好文章好作者，所以鼓励她多写。她也果真能写，一篇篇写就出来，都由心所出。写童年和故乡的那些篇章，特别能打动我，一个遥远深邃的童年世界，属于孩童的敏感、孤独无依之感乃至成长中一种愤怒的张力，具有陌生的力度向读者冲击而来，我们甚至能听到其中时光的一种轰响，某种东西缓慢地崩塌，但它们同时又是切近的，非常逼真，其中的多重意味能唤起我们生命体验的深刻共鸣。她的诗歌，则多写爱情，或灿烂脆亮、欢快轻盈、果决坚贞，或伤痛沉郁、回环曲折、情意绵绵，都有着一种率真之风，少有晦涩之病。我很赞赏这样的写作态度和风格。

我们有过一些交往。“丽衿”这个笔名是我应她的请求，结合她的本名和《诗经》那句“青青子衿，悠悠我心”而起的。后来还认识了她的丈夫（当时他们还未婚，现在则离婚了）邓良——一位对文学有着深的情怀、很有思想的青年，我们还一起合作写了报告文学《平凡的传奇》。体会特别深的是，丽衿的性情一如她的文字，率真以至无所遮拦，又特别敏感。我想，以这样的性情，她应该是会常常得罪人的吧，甚至我们之间也有过误会。但斯人写斯文，是这样的性情，才能写出这样的文章，而不管作文做人，真性情历来难得。

十多年一晃而过，丽衿自那时起，一直在工作之余坚持写作，以她的诚挚在文学领域默默耕耘和探索。听说现在要结集出版，我高兴之余，写短短几语，意在向读者朋友们推荐这些好文章。同时也衷心祝愿丽衿在写作的路上走得更远，让“丽衿”这个名字发出它应有的光芒！

2017 年 6 月于广州

序二　一份见证

邓　良

这是作者十多年写作的一个合集。这些文字见证了一个女人在命运面前的坦诚——毫无疑问，这同时也见证了她的坚毅，在被命运疯狂的剪刀追逼之时，她哭泣，她叫喊，然而她没有停止过歌唱。

她一直默默地写着。在广州读硕士期间，我们寄居于棠下城中村中的一个房间，那是家教的家长给我们的一间房子，一度厅里还住着酒楼的员工，有时晚上我们在下面逛逛街道和市场，她年轻的脸红扑扑地闪亮，她是在那个时候开始写作的，此后再也没有停下。毕业后她回湛江师范学院任教，我也回了湛江，两人住在学校的一间狭窄的单间宿舍里，以不多的工资还债和支撑生活，她写着。后来在学校附近村子里租了一套陈旧而喧闹的房子，一住五年，她种的三角梅爬满一整个阳台灿烂地开放，她写着。后来我们分开了，她一个人留在湛江，她写着。有一段时间，她生病，她还是写着。最近三年，她买了房子搬至郊外美丽的新居，完全一个人了，依然每天晚上6公里的散步，依然写着，写得更多了。每天太阳出来的时候她就起床，静静地在本子上写着……最初她还投稿，早期一些文章发在《青春》《散文》《广州文艺》等刊物上，发到博客上，但很快，写作就转成了个人私语，只是写给自己看，给我看。

回想起我们的过去，我意识到自己是多么不近人情而苛刻。我对文学那么自负和偏执，心里只有但丁、莎士比亚、歌德、托尔斯泰、陀思妥耶夫斯基、卡夫卡、博尔赫斯、卡尔维诺等几位大师，即如里尔克这样的诗人，我也多所揶揄，认为他只有少数诗作值得认真对待。我顽固而自以为是地以心中的经典来衡量和评价她，多所挑剔。我不知道她是如何消解我的压迫，而保持住自己的。

是到了现在，把她的作品作为一个整体来阅读的时候，我才真切感受到了属于她的力量：这些文字是纯粹的，它们有着敏锐的触角，真实生活的最细微处被记录并转化；但整体而言它们本质性地属于梦想，这是一个女性最为真实的梦，这个梦大于生活，胜于生活，它穿越命运制造的谬误和苦痛，它沉静而又飞扬。它们让时间成为一种结晶，既凝固又延展渗透，将生活的进行时态和它的隐喻并合为奇特的生命之歌。

当我想到，这么多年里，她静默而沉稳地穿越了命运的种种，消解了我的苛求，越加温纯、广阔，我明白了，这是因为写作。默默地写作。文字是她心灵的呼吸、体温和歌唱。不管生活和命运如何有所偏差，靠着写作，她保持着内在的稳持力量，最终有能力将一切转化。

这样的不事矫饰的女性心灵写实，这样的十多年来对文字的忠诚私语，应该说，在当今文坛，极其珍贵难得。

她是这样来爱——

今夜，我要给你写诗，
为一棵草所承受的恩泽，
为一条河流所被赋予的激情
给你写诗，
用泥土的温柔
和植物的芳香。

在你熟睡的耳畔
轻言细语，
我的呢喃
吹过你梦中的原野，
那里遍地的鲜花为你开放，
我灵魂所有的乐音
为你歌唱！

那么深情而轻悄，这属于爱的时刻。我相信，这激情、温柔、芳香、呢喃和歌唱，就是爱的韵律。这爱的时刻，所有的生命都在交融共振，万物会通。这样一种美好的韵律，无须谱曲，会被爱者反复吟唱。

她是以这样的遗憾在等待——

有时，我独自站在阳台上欣赏三角梅，
会不由得陷入遐思：
如果此刻，你也和我一同站在这里，
观赏这繁花满枝，多好！
而你，竟错过了许多花开的时候！

表达是简单而直接的，“错过了许多花开的时候！”一语双关，三角梅在蓬勃开花，诗人也处于生命勃发的时节啊！然而爱人不在。这是自我赞许，更是爱人离去的遗憾和孤独。

她是以这样的敏锐来感知生命——

夜里，我听见窗外树林
一阵枝叶的窸窣声，
是一颗成熟的果实坠落，
穿过浓密的枝叶，
沉重地、一头栽落
在我梦中的土地。

似真似幻，是微妙的自然果实在夜里的坠落，也是人在聆听中的感悟自照。岁月是静静流走，犹如静夜里所有生命（包括人）奋力生长、结果，又悄然一头栽落，这是惊心动魄的瞬间。然而诗人是能转化的，它栽落在“我梦中的土地”，坠落成诗、成梦——这说的是生命的价值、艺术的价值。简洁、生动、深刻！

再看——

只要火仍在燃烧，
我就可以继续安然地
在壁炉前写诗；
只要我仍在写诗，
壁炉里的火就永不会熄灭——
我不断地把
涂满胡言乱语、奇思异想的稿纸
塞进它火红的巨口，
它多么喜爱那些
独一无二的养料啊！
它的舌头——
那些贪婪的火苗——
转瞬就把稿纸吞了、卷了……

而我，就这样

安然度过
一个又一个严酷的隆冬。

这是一个堪称经典的意象。这燃烧是何等之意味深长，何等之壮美啊！人以梦想和诗歌维系着火与温暖，越过命运的种种严酷。诗句无须展开，但这意象里传递出来的是诗人的谦卑和虔诚，对写作意义的深刻了然，对命运的广博意会。

我没有引用她的散文作品，但她的散文也许比诗歌更精彩，更直接地表露出她内心的真实。她写童年、写家乡、写亲人和陌生人、写艺术家，更多的是写自然、写生活的点滴、写旧居和新居，写孤独中的自得其乐、自得其乐中的怅然，以及怅然中对生活命运的和解。每篇文章都独立成章，但用心的读者，会看到所有文字背后都有一双眼睛，它凝视着旷远和虚空而充满渴望，它在命运的屈辱中喃喃自语，它经历着长久的深远的孤独却依然从内部迸发出火焰，发出爱的吁求。——这是我曾经的妻子，这是一个真实而美丽的女人，一个皈依艺术的人。我想说，我心里一直以她为傲，一直怀着无尽的感激回想我们一起行走过的岁月。如今再一次细读她的作品，我才深切地感受到她所承受的孤独，她涌动着的生命热情，她贯彻始终的对于自由和美的信仰，她无尽的爱与歌。

这些文字，是她和岁月长久对视，和自己深情对话的结晶。它们被出版，从一个人的房间走出来，走向更多人的内心。请接收这本籍籍无名的真诚之作吧，这些文字正在等待着你们的敞开。至少，你会和一个真实生命相遇。

2016 年 11 月 25 日于广州

自序　旅行

我曾有过一次长途旅行：独自一人坐火车到很远的地方去。没有同伴的旅途难免有点孤寂。在火车上的那些日子，我是靠阅读和发呆打发时光的。白天，我坐在窗边的位置，翻阅随身携带的书籍；累了，我就长时间地欣赏窗外迅速掠过的风景。我是很喜欢看窗外的风光的。高山、平原、田野、森林、江河湖海……在明亮的日光下向我展示了它们的万千气象和无穷魅力。我只恨火车开得太快。我的双目尚未来得及饱餐一处风景的秀色，身体已不由分说地被带到了别处。火车逾山越谷，穿过黑暗的隧道，爬上横跨深渊的高架桥，奔驰在广袤的土地上……车轮碾压着轨道滚滚向前，发出巨大的声响。在火车震耳的轰鸣中，我出神地望着窗外的风景，陷入了无边的思绪……

晚上的时间比较难熬，车厢里的灯光没有明亮到能让人长时间阅读，而看窗外的风景又几乎不可能。车厢之外，一切景物皆被夜色笼罩，一切物象只呈现一片模糊的暗影。由于车厢灯光的缘故，往窗外只能看到窗玻璃所反映的自己的面影和车厢内的情景。所以晚上的大部分时间，我基本上只能发呆或看旅客在过道来来往往，看他们吃泡面、嚼饼干或打牌，观察着他们的无奈和无聊。

几乎每到一个站，火车都会停靠，让旅客上上下下。和我同一车厢的旅客走了一批又来一批。坐在我对面的旅客不断变换着新面孔。在那些天里，我竟从没产生过要与他们中的某个交谈的欲望。我一句话都不想说，我的眼睛不是盯着书页，就是望向窗外。直到有一天，上来一个年轻人坐在我的对面。他放好行李落座的那一刻，我们的目光碰到了一块。我们彼此相视一笑，算是打了招呼。然后我继续看书和看风景，他也从行李袋里拿出书来。当他不看书时，他也长时间地看风景。有时我不经意从书页间抬起头时，发现他正望着窗外出神。有一次，我转过脸来想要坐好，发现他也正转过脸来想要坐端正，我们的目光刚好碰在一起。我们不由得笑了，笑容里都有几分羞涩。他对书籍的热爱，他温和的笑容、安静的气质，引起了我的好感和好奇。我产生了想要了解他的愿望。我鼓起勇气问他在读什么书。他举起手里的那本书让我看了看封面——国内一个著名作家的作品。我们于是开始攀谈起来，谈文学、谈人生……我们发现彼此有很多相同的精神旨趣，这使我们对彼此的好感迅速加增。很快，我们产生了一同去旅行的愿望，这愿望一经确定无疑，我们就在一处有名胜古迹的地方下了车。我们寻幽访胜，结伴同游了很多景点。他是个很好的向导，指引我领略了很多伟大的风景。旅途中，虽然有很多摩擦、争吵，但一路上相伴着走过了许多风风雨雨，彼此已在不知不觉中成为了对方生命中至亲的那个人。

但分离的时刻终于还是到了。有一天，他说他再不能陪伴我了，为了他的事业，他不得不离开。我哀求、哭泣都不能使他留下。“男人得有自己的事业，否则心里会很慌。”说完他就走了。

以后，我们就很少见面，虽然彼此牵挂和想念的心没有停过，但我们的见面是越来越少了。时空的阻隔使我们渐渐淡出了彼此的生活。

如今，我又开始了一个人的旅行。一个人的旅行很好很清静，我很享受。但如果有个好旅伴为旅途带来快乐，也未尝不是一件好事。但找一个好旅伴谈何容易！那是可遇而不可求的。车厢里的旅客上上下下来来去去，不断有新的脸孔晃动在我的面前，但哪个才是能陪我到天涯海角深入地极去探险的呢？大千世界万丈红尘芸芸众生中，谁才能与我同行？

不断有新的脸孔晃动在我的面前，他们中对我卖弄风骚、暗送秋波的不少，但很多不需交谈，或不必多谈，我就了解了他们灵魂的贫弱。他们不过是想为他们沉闷的旅途找点乐子，我看到他们没有爱的灵魂是多么空虚而可怜！我不想玷污自己神圣的生命之旅。没有好的旅伴，为何不享受那独处的时光？静静地坐在窗前，阅览风景的无穷变幻。

事实上，我并不孤单，那个他从未离开过我。虽然我们没有朝夕相伴，但我们却早已安住在彼此的生命里。他没有离开过我，一刻都没有。他一直坐在我的对面，和我共享那静静的时光。当我不经意回眸，我们的目光碰到了一起，我们笑了……

2018 年 2 月 26 日

目　录

第一部分　静静的时光

辑一　人世间

辑二　一个人的岁月

辑三　虚实之间

辑四　艺术随笔

第二部分　玫瑰园

第一部分

静静的时光

辑一　人世间

童年囚

现在回想幼时曾进过的托儿所，感觉像走进一个残缺不全的梦，那印象模糊而遥远。我童年的一半却是在那里度过的，我生命最初的记忆也是从那里开始的。

那个地方曾给过幼年的我一些什么呢？

回想起来，那时的托儿所有点像囚笼，每天在我家几步之外静静地守候那些细细碎碎的足音的来临。几间破旧的平房，连着一块很大的空地，低矮的围墙把那块地圈起来，使之与外界隔离。空地上分布着几棵高大粗壮的尤加利树，墙之一角有一座水泥砌成的滑梯，已陈旧破损，但这是孩子们的快乐所在，每天，他们都在这里拥挤着上上下下。

起初，我哭闹着不肯进这座牢笼，我宁愿跟随母亲去工厂。可在笼里流泪度过第一天以后，我只能接受命定的安排。幼小的我有什么力量与生活、与命运、与成人的世界抗争呢？我只是希望在那里不用午睡。第二天，母亲送我进笼子的时候向所长提出了请求，请求她允许我中午不休息。于是那个中午，当所有的孩子都酣然入梦的时候，我却像一只被释放的小鸟，兴奋得在院子里飞来飞去。我拿着一根铁棒赶着一个铁圈满院子疯跑，感到前所未有的自由。可是很快这种游戏就变得索然无味起来。寒冷的冬日，天地阴惨；午后的时光，缓慢悠长。空旷的小院寂然无声。我立在院子中央，吹着冷风，望着灰蒙的天，忽然感到天地间宏大的寂寥一下子涌来。这生命中初次袭来的孤寂随同寒气侵入我的身体。我越来越冷，于是怀着羞惭畏缩地走进了寝室。孩子们的身子散发出来的热气使室内异常暖和，他们早已入梦。我站在摇篮边羡慕地望着他们，开始后悔提出的请求。倦意袭来，我多想钻进摇篮也美美地睡上一觉啊！可阿姨这时候走来，掩饰不住满脸的厌恶，她压低声音对我说：不是你提出不想睡觉的吗？平日慈祥的脸此时显得狰狞。

托儿所里没有任何玩具，没有任何书籍，不用读书写字，也没有什么游戏，即使有也是孩子自己的发明，与阿姨们无关。那些年轻或已不年轻的女人永远坐在离孩子们远远的地方促膝闲聊、窃窃私语，另一个世界发生什么她们是漠不关心的。于是，那块空地、那座滑梯就成了孩子们全部娱乐的天堂。他们在空旷处追逐嬉闹，在地上、墙边、树身寻找各种小昆虫和植物，在滑梯爬上爬下。滑梯有个秘密的所在，就是它的底座、它的腹部，那个昏暗的空洞可容纳几个小孩，调皮的孩子有时会钻进里面，在黑暗中制造着小便和地雷，或干其他

“见不得人的勾当”。淘气的孩子甚至爬上矮墙，从那里逃离囚禁他们身心的牢笼，他们想尽一切办法在嘻嘻哈哈中消耗自己过剩的体力和精力，在蒙昧无知中挥霍自己的年华与生命。

一些稍大的孩子，孩子们中的领袖，终于厌倦了日复一日的嬉笑和打闹，厌倦了在滑梯上爬上爬下，厌倦了在树身墙角寻觅蚂蚁和甲虫。在厌倦中他们发现了自己的身体，他们开始对自己的身体和他人的身体发生了好奇，并从中找到了新的乐趣。小男孩产生了窥探小女孩身体的欲望。在无人处，他们要求女孩们脱下衣服以便审视和探寻。他们下意识地知道这是一件羞耻的事，可并不清楚自己在做什么。自由活动的时候，孩子们向滑梯蜂拥而去，小男孩趁机哄骗小女孩进入那昏暗的空洞，甚至用暴力把她们拖进去。某天，一个可爱的小女孩哭哭啼啼地走向阿姨，向她们哭诉：林××、黄××他们要摸我的××。当时两位阿姨在屋内相对而坐，正聊得起劲，对孩子的胡闹视若无睹。小女孩的哭诉使她们得到了乐趣，她们心照不宣地相视而笑。其中一位阿姨也许没听清，她反问了一句：他们要摸你哪里？女孩哭着说：他们要摸我的××。阿姨们忍俊不禁地大笑起来，那空洞无聊的笑声既淫猥又冷漠残忍。笑罢，她们对女孩摆摆手说：去吧去吧。她们没有制止孩子们的胡闹，而是听之任之。于是那种混沌无知的乐趣就被允许继续下去。可怜的孩子既被囚禁又被放逐，像一群无人看管无人教导的牛羊，在生命之初，他们以本能的方式，也只能以这种方式去探寻去了解生命自身。

打预防针的日子是孩子们的灾难日。穿白大褂和拿针筒的人一出现，托儿所就笼罩在一片恐怖和悲惨的气氛之中。打针之前，总是先分发糖果，那些彩色小糖是一种诱惑、一种欺骗，是提前而来的安慰和歉疚，也是一种镇静剂。可糖果吃下去了，胆小的孩子还是会害怕得哭起来。他们像瑟瑟发抖的小羊羔，终究逃不脱被吞噬的噩运。只有一个小男孩不肯妥协，他自始至终与这个恐怖的世界负隅顽抗。他的双眼、神情写满了对这个世界的不解和恐惧。他满屋子惊慌地奔跑，绕过桌子和凳子，逃避医生和阿姨们的追捕。当他终于被捉住的时候，被紧紧地按住的时候，他发出了惊天动地的号叫，整个幼儿园顷刻间成了屠宰场。他始终不肯妥协、不肯合作，挣扎、痛哭、号叫，没有一刻停止。然而，他的反抗与整个世界相比，实在是太弱小，太微不足道了。刽子手们终于达到了目的，扼杀了他最后一丝微弱的希望，他们把尖锐的针扎进了他幼嫩的胳膊。我惊恐地看见小男孩绝望的双眼充满了鲜血，他流出的眼泪是鲜红的，一条一条，顺着脸颊爬下，像红蚯蚓。

在托儿所的最后一年，阿姨终于教给了我们几个汉字：马、牛、羊。这几个字使小小的心激动了起来，我仿佛感知仿佛触摸到了世界最神秘最玄妙的一角。我无比虔诚、工工整整、反反复复地抄写着它们。当阿姨在练习本上一次又一次地打上鲜红的“100”分时，我小小的心溢满了欣喜和不满足，我多希望那个年轻的阿姨能让我多点了解这个世界的神秘与玄妙啊！可她再也没有那样做，也许她认为不必要。

又一批孩子离开牢笼上学去了。望着他们飞走的背影，我只有满心的羡慕。母亲说左撇子的孩子是不能上学读书的，必须要改回右手。我于是趴在床上，在昏暗的灯光下，用右手艰难无比、反反复复地写着：马、牛、羊。母亲拗不过我，终于带我去找小学校长。可那时已错过了入学时间，女校长蹲在教室门前的空地上问了我一些问题，最终没有同意收留我。

我只能继续待在笼子里。

笼子空了许多，很安静，仿佛所有的人都走光了，只剩下我。我一个人在空荡荡静悄悄的院子里转悠，独自放着纸飞机，一边放一边唱着：飞机飞到北京，飞机飞到北京。这时天空传来了低沉的轰鸣，有飞机飞过！我停下来抬头寻觅着它的踪迹，然后又兴奋地拍着手又跳又嚷：飞机飞到北京，飞机飞到北京！可它一下就钻进了云层，不见了踪影，那轰鸣声也渐渐远去。我呆呆地站立，透过尤加利树的枝叶仰望着又高又远的蓝天，心中一阵怅然。没有一丝风，尤加利树的枝叶一动不动，我立在院子中央，四面有矮墙和房屋包围，周遭一片寂静。

2006 年 2 月 9 日

蕉林和池塘

小时候，我家屋后有一片香蕉林。林子不大，但很阴凉。白天那里栖息着很多鸡鸭。有时，林中空地躺着被砍倒的香蕉树，它们躺在那里，像极了历经一世风雨的人，终于可以休息而投入了大地的怀抱。

与蕉林相依的，是一口池塘。池中的水肥厚油腻，上面漂着绿色的浮萍。每天傍晚，乡亲们在这里挑水淋菜。我在这里打捞过蝌蚪，用玻璃瓶取水灌过“草狗”（一种昆虫）。有段时间一放学回家放下书包，我就拿着玻璃瓶冲到塘边取水，然后就在附近寻找草狗可能居住的洞穴。找到了就把覆盖洞口的泥土去掉，再把水灌入洞中，瓶口要完全盖住洞口。这样做的时候，瓶中会生起一连串水泡，它们咕咕咕咕地从倒置的瓶口一直升上瓶底。看着那些音符般欢快跳动的小水泡，听着那音乐般清脆悦耳的咕咕声，真是一件很享受的事情。水泡此生彼灭，直到一瓶水被喝完。有时瓶中的水大口大口地被吞咽，发出很响的咕咚咕咚声，我就会很害怕，担心地洞里面住的是蛇而非我要找的小虫。蛇也许在瓶中的水还没灌完之前爬出洞口，钻进玻璃瓶。我怀着极大的恐惧看着瓶中的水以极快的速度被吞干，却不肯轻易放弃半途而废，而是继续取水。当披着一身褐色盔甲圆头圆脑的小虫终于憋不住爬出洞口钻入瓶中，我的心情真可以用“如获至宝”来形容。小虫自然成了我的玩物，它们的命运都很悲惨，被我用绳拴着拉火柴盒或干别的什么，没有吃的，最后它们都会死。看着它们死在火柴盒里，我也没有太多惆怅，只是不明白它们为何这么容易夭折。然后又继续去捕捉新的了。

每次大雨后，池塘的水都会涨满，青蛙快乐地大叫，而蛇在水中疯狂地舞蹈。父亲从池塘里打捞泥蛇剁碎了喂鸭子。

池塘旁边有个小小的公厕，与蕉林隔水相望。很原始的公厕啊，男女两边各有三四个坑位。坑很大很深，我蹲在上面，真担心会掉下去。很久都没人打扫一次，厕所脏极了，厕纸堆得很高——所谓厕纸不过是报纸、旧书或小孩用过的作业本的纸，甚至还有人用树枝、竹篾的。坑下面厚积着人类的污秽，蛆虫蠕动。我常常被熏得透不过气来，却不得不忍受恶臭、肮脏和蚊子的叮咬在那里待上一段时间。可恨我的肠胃不争气，不知是否那里的脏臭让我神经紧张还是别的什么原因，总之我无法迅速顺利地解决问题。我蹲在大坑上，常常蹲得双腿酸软。我一会伸伸左腿，一会伸伸右腿，真担心支持不住掉进坑里被秽物淹没被蛆虫吃掉。冬天那里特别凉快，寒风带着臭气一阵阵地从坑底吹上来，吹得屁股凉飕飕的。

从我家屋后到公厕要从池塘边的小路过去。那条小路很小，仅容一人过。野草常常遮没小路，我穿行其间总是提心吊胆，害怕踩到虫蛇什么的，所以我总是以最快的速度跑去又跑回，以减少在路上逗留的时间。公厕门口种了一小片香蕉树，我绕过香蕉树进入厕所。进去之前总要在门口探头察看，看看里面是否盘踞着大蛇什么的。这种可能性极大，有个阿姨就曾在这路上遇见过蛇，是那种专追女人的蛇。那条蛇紧追妇人，妇人毫不畏惧，停步转身用脏话骂它，骂得它狗血淋头，最后它灰溜溜地跑了。据说遇见这种好色之蛇是要模仿男人的声音用脏话骂它的。但如果让我遇见，没准我会吓死，哪里还会停下骂它呢？所以每次进厕所之前，我都要在门口察看一番，排除蛇在里面的可能性才会进去。也因此，站在门口探头察看的那一刻是我内心最害怕恐惧的一刻，心都提到了嗓子眼。蹲厕的过程，我的神经也一直保持高度紧张的状态，因为担心蛇随时会溜进来。

小时候去公厕于我而言绝对是梦魇，不但要忍受那里的脏臭、蚊子的叮咬，还要冒着遇见蛇的危险。所以我尽可能不造访那里，能不去就不去，不到迫不得已绝对不去。我的肠胃功能可能就是在那时候出于这样的原因被破坏掉了，或者说，憋坏了。

被砍掉的香蕉树并不意味着从此就能安息在大地的怀中，因为它们死后的价值被孩子们发现了。孩子们用粗大的树枝把它们的身躯串在一起做成了筏子。试航的那天，邻近的小孩和年轻人都来了，他们在池塘边观看这一罕见的壮举。那真是热闹而盛大的场面！年轻人站着围了池塘半圈，他们被新事物新发明所蛊惑，个个都显得激动和充满好奇。胆大的就上去体会坐船的感觉，胆小的就只有充当看客的份。筏子上系了一根粗大的麻绳，绳的另一端由岸上的人掌握。乘筏的人手持木棍把筏子撑到池中，再由岸上的人拉回来。当拉绳的德仔在岸上问："还有谁想试一下？"我赶紧冲上去说："我想试一下！"德仔应允，我因而有幸在那时体会了生平第一次坐船的感觉。我蹲在蕉筏上看着绿油油的水面向身后缓缓退去，有点头晕有点害怕，但感觉妙极了！我才知道笨重的香蕉树原来可以轻盈地漂荡在水面上。

孩子们对航行的热情没持续多久。蕉筏很快无人问津，孤零零地漂浮在水面上，最后搁浅在岸边慢慢腐烂。死去的香蕉树终于可以永远安息，而蕉林又恢复了它往日的安宁。

然而不久，瘟疫来了。昔日漫步在林中的鸡鸭此时触目惊心地倒在蕉林的各个角落，树林弥漫着死亡的气息。孩子们在香蕉树下挖坑，把死去的鸡鸭埋在那里。我心爱的小母鸡也死了，死在家中。我大哭了一场，然后抱着它的尸体走向蕉林。那时邻居的小孩已把很多鸡鸭的尸体放进了挖好的坑中，正准备填土，我喊着"等等"，然后急步向前，把小母鸡放进坑里，让它和别的死去的鸡们相伴。把鸡放下坑的时候，我忍不住失声哭了，比我大的孩子们却因而笑了。德妹德仔两姐弟停下填土的动作，扶着锄头看着我笑。德妹的两只手交叠着放在锄头柄的末端，下巴搁在手背上，她保持这样的姿势意味深长地看着我笑，还感叹了一声：“佬妹！”那时死了多少鸡鸭啊！我却独独为了一只母鸡的死而伤心落泪。过后我还懊悔没有把它单独葬一处，竟让它和别的鸡们共处一穴，以致和它告别的最后时刻有他人在场，使得我不能好好为它哀悼一番，那最后的告别本应是多么神圣的时刻啊！

池塘日渐干涸，露出了“池床”，池床分裂着，透过那些裂隙，让人感觉到泥土的肥沃和厚重。干涸的池床成了一片荒地，野草疯长其中。高高的野草在秋冬季节干枯，可以当柴火烧。我总是在阳光灿烂的日子到池床去，把干草成捆地抱回家。有时和小伙伴在那里烧红薯，用的就是这些干草做柴火。写到此，我又回到了当年的情景，暖暖的阳光照在身上真舒服啊！我行走在池床上，心情和秋日的阳光一样明媚！

母亲在池塘边撒下香瓜的种子，瓜苗很快就长起来了，攀得到处都是，攀在高高的植物上，秋天开满了大大黄色的花朵，明艳照人、芳香馥郁，引得蜜蜂蝴蝶飞来。那真是美丽的景观！花朵凋谢后结出了可爱的香瓜，果实和花朵一样香气四溢，母亲采来做菜，清炒或煲汤皆美味。但母亲说这瓜湿气重，不可多吃。很多瓜就留在藤上老去，老瓜干后剥去皮可用来洗锅碗瓢盆，比买的洗碗布好用。

干涸的池塘后来被人承包种上了荷花。我曾经隔着篱笆欣赏荷花荷叶的万种风情，也曾经抵制不住诱惑从篱笆墙钻进荷塘，近距离欣赏荷花的美妙风姿，但没有采撷过一朵明艳和清香。很快，荷花被芒果树取代。再后来，菜园又取代了芒果园。那块土地几易主人，而在此过程中，香蕉林被夷为平地，我的童年时代结束，少女时代也在芒果树取代荷花之时接近尾声。

2017 年 2 月 24 日于郦都

几棵树

我的目光沿着树身往上看……我看见了伸展在高空中的美丽枝叶，枝叶交错的后面，是蓝色的天空。风吹动树枝，狭长的叶子像丝丝秀发一样摆动起来，沙沙沙沙，沙沙沙沙，如同最美妙的乐音……我对树的崇敬之情是在仰望它们的过程中产生出来的。

我想我别无选择，小时候之所以把家后面那块空地当作乐园，是因为那时我家附近没有别的适合小孩子玩耍的地方，我家方圆百米以内，遍布着的无非是菜园、庄稼地、垃圾池、猪粪池以及池塘，周围的环境不是脏乱，就是草木茂盛阴森、虫蛇出没之地。所以很自然的，屋后那块只种着几棵尤加利树明亮、宽敞、干净的空地，就成了我的首选。

那块宽敞的屋后空地只有几棵高大的尤加利树，它们像士兵那样，列成一排站在我家和邻居家住的那排老房子后面。它们高大粗壮、根深叶茂，是非常美丽的大树。它们的美丽尤其是在与周遭环境的对比中突显出来。与它们脚下那排老朽的房子相比，它们生机勃勃；与路边的垃圾池和粪池以及污水横流的水沟相比，它们是那样干净；与四周乏善可陈的平凡风景相比，它们算得上超凡脱俗的诗篇。

尤加利树的叶子有一种非常特别的芳香，它的花朵也是。每到夏天，树上开满了可爱的黄色小花，风吹过，花雨纷纷。每天踩着那些细碎的落花上学，又踏着它们回家。捡拾那些可爱的圆锥形花托，用针线将之串成项链，挂在脖子上。台风天是尤加利树慷慨赐予礼物之时。每逢台风过后，母亲总带着我出门捡拾柴火。一走出家门，就看见满地的落叶和满地细碎的小黄花，清凉的空气中弥漫着树叶和花朵沁人心脾的芳香。

在那几棵树上挂绳荡秋千是那时难忘的事之一。大我几岁的梅姐在后面推我。秋千一荡开，我就止不住咯咯笑起来。我笑得越开心，梅姐推得越起劲。我笑得太厉害，以致坐不稳也握不牢绳了。我感觉自己就要脱离秋千飞上屋顶。我想告诉梅姐不要推了，我要掉下来了，然而却怎么也止不住笑声。所幸梅姐也累了，及时停了下来，我因而没成为空中飞人。

有一年刮台风，尤加利树的枝叶拂开了屋顶的瓦片，邻居们开始担心了。他们聚集在门前越过屋顶仰望树木议论纷纷。最后他们决定要砍掉一些树的枝干。于是他们砍掉了一些枝干。但他们还是不放心，最后干脆把树全砍了。砍树的那天中午，我放学回家，看见屋后聚集了很多人，我不知道发生了什么。放下书包，我就赶紧到屋后瞧个究竟。只见彭叔正在挥刀砍树，我父母和其他邻居正在用力拉扯套在树身上的绳子。我的心凉了半截。我不明白好好的树为什么要砍掉？他们忘了这些大树曾经护卫和陪伴过他们，忘了这些大树给他们的老屋洒下过多少清凉和诗意！他们不知道和这些美丽的大树相比，那些破房子根本不值什么。他们为了生存牺牲了美。他们不知道，如果没有美，活着有何意义！他们做出决定，从来不去征求孩子们的意见，他们粗暴地剥夺了孩子的权利，摧毁他们的世界。当大树轰然倒地，我知道很多东西永远失去了：空中摇摆的绿色丝绦、沙沙的音乐声、可爱的落花、空气中的芳香，以及回荡在树梢间孩童银铃般的笑声……

2017 年 5 月 4 日

母亲和我

母亲抱着我站在房间中央。屋子里有很多人，他们或坐或立，喝茶聊天、抽水烟筒。屋里弥漫着烧酒和烟草的味道，充斥着人们热烈而中气十足的谈话声，暖意融融。我居高临下地俯视他们，感觉自己离地面很高，而他们离我很远，谈话声也很远……

母亲抱着我坐在一张小木椅上看电视，电视很小，离我们很远，有很多人和我们在一起，大家都坐在自带的板凳或小椅子上。黑压压的一群人在夜色中坐在一排房前空旷的地面上盯着前面那台小小的黑白电视机，屏幕上播放着新闻，一个外国人正对我们国家领导人行吻礼，我立刻学会了，转身在母亲的脸上也印了一吻。母亲笑了，那是我给母亲的初吻，也许也是今生唯一的一个。

母亲牵着我走在乡间的道路上，路两旁是长着橡树的山坡。冬日的山野人烟稀少。母亲背着我跋涉在那条崎岖不平又寂寞荒凉的道路上。母亲累了，把我放到地上让我自己走。没走多远我不肯走了，母亲只好又背着我。然而母亲还是累了，又把我放下来，却从口袋里掏出了一包圆形的彩色糖果……那是多么奇妙的小球啊！有红色、绿色和白色，它们在我心中激起了异样的感觉！我研究着品味着，忘记了路的崎岖和漫长，就那样一路磕磕绊绊、跌跌撞撞地跟母亲回了家。

我记得母亲给我买的那把蓝色的小花伞，美丽的蓝色上面有很多圆形的白色图案，还有那双淡粉色有跟的漂亮小凉鞋……

那时候我很爱哭，动不动就哭。早上醒来头脑昏沉，哭；下午醒来浑身乏力或看不见母亲，哭；饭菜不可口也哭。唉，我从来就不是天使。我常常不肯去托儿所，却总是哭闹着要跟母亲去上班。母亲在猪社上班，她的职责就是照顾那些猪们，给它们煮食、喂食什么的。母亲烧火煮猪食的时候，我静静地坐在一边，温暖的火光映红我们母女的脸颊。母亲煮猪食的时候也顺便给我煮两个鸡蛋——猪社里养有母鸡。猪社里有一个大大的谷仓，那是我玩耍的天堂。我和哥哥还有别的小孩在那里玩过，也独自在那里玩过：我们冲上高处再滑下来，或滚下来，浑身沾满谷粒。有时在谷仓里会发现埋在谷粒下面的香蕉，那真是意外的惊喜！猪社里几个大大的池里长满了水葫芦，盛开无数紫色的花朵，它们的美丽愉悦过我的眼睛和心灵。母亲穿着白色工作服站在池边打捞水葫芦的画面印在了我脑中，那时母亲还很年轻啊！

我跟着母亲探亲访友、上这儿去那儿。我记得乡间那些热闹的婚宴和酒席，乡亲们的笑声、热烈的气氛……记得很多个晚上，和母亲在回家的途中，我在母亲的背上睡着了。

一个冬日的夜晚，母亲牵着我走在外面，工人文化宫楼上传来柔美的歌声，是邓丽君那首《月亮代表我的心》。年轻人在楼上跳舞，舞厅明灭着红啊绿啊的灯火。我在清冷的空气中踏着月色，听高楼上飘来的乐音走在母亲身边，内心一片安宁祥和。

也是一个冬日的夜晚，我陪母亲去姐姐班主任家——为姐姐留级的事。姐姐几乎每年都要留级，这让母亲伤透了脑筋。母亲想求那个老师高抬贵手让姐姐升级。那个男人和老婆躺在床上卿卿我我，一对儿女在一边玩耍，我们来了，他们既不请坐，自己也没从床上坐起来。母亲拉着我很尴尬地站在他们面前申明来意，但她的请求没有得到应允。回去的途中，母亲牵着我默默地走着，始终不发一语，一副心事重重的样子。我感觉到母亲的苦闷，摇了一下她的手臂，抬头望着她喊了一声："妈!"她"嗯"地应了一声，但什么也不说。我们继续默默地走路。明月当空，皎洁的清辉冷冷地照着我们。我忽然听见母亲"唉"地发出一声轻叹，轻得可能连她自己都没有察觉，因她完全陷入无边的思绪里面去了。直至到家门前，她才从重重心事中摆脱出来，步履轻快地踏上石阶，推开了家门……

有一天，母亲为我买了一双草绿色的解放鞋。中午买回来，下午我就穿去学校。放学的时候，我和同学阿娟脱了鞋在路边玩泥巴。回家的时候，我迈着沾满泥巴的双脚回去，却忘了拿鞋，直到母亲责问才想起。等我回头找的时候，鞋已经不见了。那时天已黄昏，暮色笼罩了下来，路上不见行人。找不到鞋，我也不敢在外面多逗留，急急忙忙回家去。对天黑的恐惧压倒了面对母亲责骂的恐惧，虽然丢鞋的地方离家不过咫尺之遥。母亲很生气，在盛怒中打了我一顿，我哭得很惨！唉，一双崭新的鞋，一双可爱的鞋，刚上脚就没了，母亲收入很微薄。印象中我从此再没穿过解放鞋。

一个阴沉的冬日下午，哥哥带着我和邻居一个男孩到离家几公里的橡树林里捡橡实。回来的时候我们不敢再循原路而返，因为原路会经过一个村子，那里的顽童会欺负我们，尤其会戏弄女孩子。于是我们穿过田野回去。快到母亲工作的猪社时，一条小溪横在面前。我们准备涉溪而过，这时看见母亲在溪水对面沿岸走。哥哥叫我们赶紧蹲下。我们低着头蹲在田垄间大气都不敢出。但我终于憋不住站起来喊了一声："妈！"语气里有无限委屈，在外面浪荡了半天，我已经迫不及待要回到母亲身边了。当天傍晚，母亲吃完饭放下碗筷就走出厨房，我也赶紧搁下碗尾随而去，还在后面急急地问："妈，你要去哪里？"母亲没有回答，却从屋顶上的一堆柴火中挑出一根树枝，转身抓住我的手，她开始用树枝抽我的小腿和脚腕，一边抽一边生气地说："叫你去玩水！叫你去玩水！还去不去玩水？"我疼得在地上乱跳，却挣不脱母亲的掌控。我一边试图躲避母亲的抽打一边哭着说："妈，我再也不了，再也不了！"这时小哥哥从厨房冲出来，站在我和母亲之间面对着母亲勇敢地说："不关佬妹的事，是我带她去的，要打就打我！"母亲霎时泄了气，遂停止了打骂。

也是一个阴沉的冬日下午，母亲和哥哥姐姐还有邻居在屋里打扑克。我和邻居小孩飞哥玩捉迷藏。我鬼使神差爬上一个铁架，在我第三次爬上铁架刚刚喊完"准备——开始"之际，铁架站立不稳，连人带架倒了下来。从高处坠落的瞬间，我只来得及惊恐地大喊一声："妈！"整个人就轰然落地了。霎时间，很多脚步声向我涌来，但我一下就昏迷了过去，完全不省人事。我不知道自己昏迷了多久，只知道醒来时已经是晚上了。我睁开眼，看见母亲坐在床前，她背对着我坐在昏暗的灯光中，在等我醒来。我喊了一声："妈！"鼻子一阵酸楚，眼泪快要掉下来了。母亲转过身望着我。我努力想要坐起来，却无法动弹，只感到剧烈的疼痛弥漫全身，我的右手臂已经浮肿成平时的两三倍。"别动！"母亲焦急地望着我说，"你握一下拳头，看能不能握，"我忍着剧痛勉强把右手握成拳头。母亲松了一口气，说："没断骨，扭伤而已。"然后她就出门去，找来草药煮烧酒为我疗伤。每次把药汤煮开，母亲就拿毛巾蘸滚烫的药汤去烫我受伤的关节，一次次地蘸，一次次地烫，直到药汤凉了才罢。疗伤期间，外婆生病了，母亲不得不离开我去探望外婆。母亲离开的那两天，我无依无靠，感觉很凄惨。哥哥为我烧开药汤，我就自己给自己烫伤。我伤得那么严重，恢复得那么缓慢，以致我怀疑自己再不能好起来了。我尝试着握笔写字，然而不能，手握不住笔。我以为自己可能从此要落下残疾，眼泪就哗啦啦地掉了下来。所幸母亲很快就回来了。母亲一进家门就说心里惦记着我，不敢在老家久留。有母亲在身边，我的伤势就慢慢好转，感伤也慢慢消除了。寒假结束之际，我的右手终于与笔久别重逢，我又活蹦乱跳了。

……

都是多么久远的事了！那时我还是个小孩，处处需要母亲、依恋母亲，在恐惧、害怕以及脆弱之时，想起和呼唤的也只是母亲。母亲那时的怀抱是我温暖的港湾和庇护所，母亲是我那时的守护天使。

然而……

有一年除夕，吃过晚饭，我一直在等父母给压岁钱。我耐心地等他们洗了碗，喂了鸡，忙完了家务，离开了厨房……然而他们好像完全忘了这回事，我想提醒他们却不敢。我沉不住气了，决定问哥哥或姐姐。看哥哥走过我就悄声问他：“妈给你衫带钱了没?”他愣了一下说：“给了!”我问给了多少，他说：“二十块。”我于是带着受伤的心情找父母问罪，问他们为什么给哥哥压岁钱却不给我。母亲说：“不是给钱你读书给你交学费了吗？那不是钱?”坐在她旁边的父亲也附和着说：“就是啊!”我没能争取到属于我的压岁钱，却从至亲的人那里第一次深味何为不平等和歧视。开学后，同学们都在炫耀自己有多少压岁钱，我沉默着，心里很不是滋味。我度过了一个荒凉的春节。

读小学五年级的时候，同学中流行起那种背在背上的书包，他们都先后拥有了那种书包，而我还是捡哥哥姐姐使过的挎包，款式又旧又难看。我要母亲也给我买一个新式的，我曾多次站在百货商店的橱窗外面抬头仰望。然而母亲说：“哪里有钱呢？”我因此生母亲的气，不喊她妈，不跟她说话，不给她好脸色。这样过了一段时间，有一天家里的墙上出现了一个我朝思暮想的书包。我不敢相信是我的，虽然我有点怀疑。我问母亲这是谁的，母亲说不是我的，是别人放在这里的。我对母亲的话深信不疑。希望破灭了，我一如往日那样生活，上学放学。但它如此意味深长地挂在那里，刺激着我的感官。梦寐以求的东西就在眼前，然而我甚至都不敢走近它、触碰它，怕一走近一触碰，它就消失了。它不属于我，这一事实深深地刺痛了年幼而敏感的心灵。如此过了很长一段时间，有一天母亲终于说：“那个书包是买给你的……”我欣喜若狂，然而我的狂喜持续的时间很短，也许只持续到我的双手伸到墙上去把书包摘下来的那一瞬间。幸福来得太迟！等待的过程已把对幸福的渴望一点点消磨掉了。我不明白母亲为何要这么折磨我。拥有新书包不久，五年级结束了，到了六年级，已不流行背书包，而时兴手捧着书本上学了。那个书包很快被我弃置不用，先是被我剪掉断了的背带，接着就被我打入冷宫束之高阁，最后不知所终——也许是被我扔掉了。我多么后悔没有好好保存这一珍贵的书包啊！

同学中流行喝太阳神的时候，我也吵着要喝，母亲却买了一包奶粉给我。我不要奶粉，坚持要太阳神。母亲于是把奶粉给了哥哥，另外给我买了一盒太阳神。她把太阳神拿来给我的时候，我正在书桌前做功课。只有一盒当然是不够的，至少要一个疗程啊。但我什么都不说了，我知道母亲很穷，喝不喝太阳神也就不重要了。

小时候我没少让母亲操心。想起自己动不动就不高兴，一不高兴就不吃饭，甚至“玩失踪”。曾经有那么一段时间，我经常“玩失踪”，躲进房间藏起来不让母亲发现，让母亲到处找干着急。我躲在床上、被窝里，躲在布满蛛丝和灰尘的门角或床底下，静静地蹲或趴或伏在那里，在黑暗和闷热中忍受蚊虫的叮咬，等待母亲推门进来。有时她发现我就把我拉出来，然后哄我去吃饭；但更多时候，她在暮色中推门进来，室内光线昏暗，她掀开蚊帐，或弯腰探视床底，找不到我就出去了。在家里找不到我，母亲就会到外面沿着马路找。我躲在电影院的楼上看着母亲走出去又走回来。母亲找不到我，最后我只能自己灰溜溜地步出房间或从外面回家，再到厨房找吃的。失踪的把戏玩多了，母亲也就不上心了，因为她知道最终我总会出现的。

我一天天长大，母亲一天天老去。我念初中的时候母亲失业了。她工作过的猪社后来变成了私人肥皂厂，后来又成了米粉厂，米粉厂倒闭后，母亲又进了纺织厂。但这些工厂最后都一一倒闭。为了生活，母亲卖过发糕卖过豆芽，都是自己做的。母亲挑着发糕或豆芽走村过寨、走街串巷叫卖。一天清早，我在外面做晨运，看见母亲挑着担子往附近一个村子走去。那时不过清晨六点，草木湿漉漉的，连空气也还是湿漉漉。我看见母亲挑着担子远去的身影，心中一阵黯然。母亲做了好几年这样的营生，直到退休。

我考上研究生那年，母亲知道消息后很高兴，拿出3000元让我交学费，还带我去找我的干妈借钱。可哥哥告诉她，我读的专业没有用，将来找不到工作……我一边应付学业，一边兼职做家教挣生活费。毕业前夕，我的工作落实了，只差交完学费拿毕业证。我四处向亲朋告贷，最后还差3000元。我打电话向母亲求救，我告诉她，我已经找到工作了，只差3000元学费。然而母亲拒绝了我，她说她没有。在我最需要帮助的时候，母亲抛弃了我。后来是一位堂兄解决了我的燃眉之急。这是堂兄第二次借学费给我，第二个3000，第一次是在我硕士入学之时。相比之下，母亲太让我伤心了。后来她虽然致电询问我的情况，还说她儿子说了应该借钱给我，但那时我已凑够学费，母亲的爱来得有点晚……

母亲老了……

有一年母亲身体不好来Z城看病。她到的那天我在家里。她在外面敲门喊我的小名。我开门看见白发苍苍的母亲站在面前差点吓了一跳。母亲的头发仿佛忽然间全白了，几个月前看见她还不是这样啊！我给母亲做饭，陪她看病，陪她看无聊的连续剧，陪她找与她同龄的乡亲玩。她在我处住了十来天才离去。走的那天，临出门前，她坐在门口的矮凳上穿鞋子，突然感喟道：“佬妹，我一走，你这里不知道有多刹静啊！”语气里有无限悲凉。我鼻子酸酸的，为母亲那一刻对女儿的爱怜和涌现的柔情。

很多年后每当想起母亲那声感喟，我依然会鼻中酸楚，泪水充盈眼眶，我因而原谅母亲的粗暴、愚昧、怯懦对我造成的伤害，原谅她在我需要帮助的时候抛弃了我，原谅她重男轻女，原谅她在她儿子骗取了我几万块时没有主持公义帮助追讨，原谅她除夕之日不接纳女儿与家人团聚……

是的，每当我想起母亲背着我走在那条崎岖不平的荒凉乡道上，走在清冷的月光中，在我受伤的时候守护在床前，忍受屈辱站在男老师面前，天蒙蒙亮就要挑着担子走村过寨……我的内心就会涌起对母亲深深的爱意和悲悯！

2017 年 1 月 30 日于郦都

姐 姐

姐姐有几件事让我印象深刻。一是她上小学五年级（约13岁）的时候，有一天她突然失踪了，母亲到处找不到她。一连好多天，母亲都在晚饭后去寻找姐姐的踪影，打听她的下落，但每次都一无所获。可母亲不甘心就这样莫名其妙地失去一个女儿，于是继续寻找和打听。皇天不负有心人，一天傍晚，母亲终于带着姐姐的消息回来了，她告诉我们，姐姐和她一个同学的妹妹跑到县城去了，因为那个女孩告诉她，城里有高楼大厦，有汽车，有漂亮的衣服和鞋子，有很多好吃和好玩的……

“那找不到了，”邻居们说，“去到那里还怎么找！没有啦，没有啦……”

从那日起，母亲遂停止寻找姐姐，一切只听天由命。这样过了一段时间。大约过了两个月，大家都已不抱希望的时候，姐姐却突然回来，出现在我们面前。那是傍晚，天将黑未黑之际，邻居们都坐在家门前纳凉。这时有人走过来，一副躲躲闪闪、掩掩藏藏的样子。暮色中，我们一时还分辨不出来者是谁，正疑惑着，这时躺在马扎上的叔叔说：

“阿娥回来了，是阿娥回来了！”

我仔细一看，果真是失踪了一段日子的姐姐！只见她还穿着离家时的那身衣服，还是离家时的那身打扮，只是多了一些灰尘和落魄。她羞愧难当，甚至都没和众人打招呼，只想赶紧钻进屋里。

大伙都非常意外。我以为母亲会狠狠地责骂或打她一顿，但母亲却一反常态地选择了沉默。当姐姐往伙房走去的时候，母亲也起身尾随而去，帮她张罗晚饭和洗澡水，对她离家出走的事只字不提，仿佛她离开不过半日。

这件事给了当时的我内心极大的震动。对于一个生长在偏僻农场的小孩来说，30 公里外的县城是一个太遥远陌生的所在，而离家出走又是多么大逆不道之举！我尤难想象在没有家人的情况下，年少的姐姐如何在一个陌生的地方存活！多年后回顾往事，我仍不能不赞叹姐姐当年的勇猛。我一直在思考，是一种怎样天真而鲁莽的青春激情在蛊惑着姐姐，使她在身无分文的情况下，不顾一切地和一个与她同样天真的女孩跳上车，前往一座她一无所知的城市。那个女孩对城市的描述为她打开了一扇了解世界的窗口，使她知道在她往昔生活以外的地方，存在着别样的世界别样的人生，更精彩更美好，正是她梦寐以求的，她愿意为新的人生抛弃家人和故土，她早已厌倦了昔日贫穷、单调和没有自由的生活。我甚至可以想象，姐姐坐在车上时，她内心激荡的感情。她坐在窗前，风吹动她的秀发。她眺望窗外的风景，青春的面庞洋溢着快活和一种急切的神情，她已经迫不及待想要奔向未来！我也可以想象，姐姐的双足刚一触及那座城市的土地之时，她内心的激动。她为高楼大厦、为车水马龙的街景所震撼，为琳琅满目的商品和橱窗里漂亮的服饰所眩惑。但很快她就意识到自己与城市的一切无缘。她的口袋里没有一分钱，她饥肠辘辘而且无家可归。但姐姐不会那么轻易就放弃自己的梦想。她选择留在城市游荡。我不知道姐姐是如何度过那段日子的，不知道她做过些什么，经历过什么。最后，她不得不灰溜溜地回家来，带着曾背叛亲人的满心羞惭，结束了这段漂泊流离的生涯。她的归来使她的出走和青春激情蒙上了一层悲剧色彩。

这样，姐姐回到了昔日的生活，继续上学、和母亲顶嘴、看言情小说，继续培养她的梦想和多愁善感。

随着姐姐年龄的增长，母亲对她的管束日益严厉，几乎禁止姐姐交朋友。她不让姐姐外出，不让姐姐到同学家过夜，姐姐一出门，她就到处找，直到把姐姐找回来。她像看贼一样看着姐姐。她甚至也不让姐姐的同学到家中来，她觉得那些女孩子没一个正经。来找姐姐的女孩都被母亲骂跑。最后，再没有人敢来登门。姐姐在青春期，母亲认为不得不小心看管，稍不留神，可能就会出事。如果母亲听说姐姐和男孩有交往，或有什么“不检点”的行为，姐姐就会遭受一场可怕的批评。

姐姐和同学朋友的交往不得不秘密进行。

有一天，我推开“妹子房”门的时候，猛然发现姐姐和几个男女同学围坐在书桌旁，桌面上堆着瓜子、花生、糖果、饼干，他们正以极低的声音交谈。我走进去拿东西，姐姐抓起一把花生问我：“佬妹，要不要吃花生?”我没有接，羞红着脸逃了。

又有一天，母亲和姐姐在屋里谈话。我不知道她们在谈些什么。后来看见姐姐披散着头发哭泣着冲出家门，往附近村庄的方向跑去。母亲当时下伙房去了。吴姨在她家门口喊：

“华英，阿娥跑这边出了，快去追!”

母亲大吃一惊，撒腿就去追姐姐。

后来母亲搀扶着姐姐回来。姐姐全身湿淋淋的，她跳水了，跳进了一口大山塘。但当身体被冰凉的水亲吻的时候，她后悔轻生了，大呼“救命”，因而被一个正在种地的农夫救了起来。她被救起后一见到母亲，就哭着说：“妈，我错了!”

不久，姐姐恋爱了。我的未来姐夫上门提亲。他是个退伍军人，在派出所当司机。准确来说，那时姐姐已不打算再和他交往，他才转而贿赂我的父母。每次到我家，姐夫都提着一大袋新鲜诱人的青苹果，自行车擦得崭新锃亮。他的“诚心”，他买的物品，他的甜言蜜语攻破了我父母的防线，他们终于认可了他，转而做姐姐的思想工作。邻居的阿姨们也来七嘴八舌，说阿周人长得精神，工作也体面云云。姐姐六神无主，逐渐失去抵抗的力量。被那么多声音包围，姐姐已分辨不清方向……

一天夜里我醒来，发现床震得厉害。我正是被震醒的。而震源来自姐姐，她在哭。她压抑着不让哭泣发出声音，身体却抑制不住剧烈地抖动，连带着床也吱吱震动不已。

那以后，姐姐接受了自己的命运，跟了姐夫。初中毕业，她就和姐夫在一起了，她就那样结束了自己的少女时代。她婚后生活并不快乐，偶尔回娘家，她脸上完全没有昔日的笑容和光彩，还带着一些可疑的伤痕。大女儿出生三个月后，她回了一趟娘家，和母亲秘密商谈了什么。母亲谆谆叮嘱，姐姐应允有声，然后姐姐就辞别了。事后我才知道，姐姐此行是要上广州的。十八岁的姐姐不甘心就这样被婚姻埋葬，不甘心一辈子待在穷乡僻壤，她还有梦想，她没有忘记当初那个离家出走的小女孩内心的憧憬和向往。所以她背着姐夫、丢下孩子，做出了一个改变她一生和她家庭未来命运的重要决定：投身到打工者的洪流中去。母亲支持了姐姐的想法。

很快，姐夫带着孩子找来了。母亲于心不忍，最后告诉了他姐姐的去向。接着，母亲和姐夫结伴同行去找姐姐。这一去，姐夫留在广州和姐姐在一起，也投身到打工者的队伍中去。之后，他们又去了深圳，成了深圳经济开发的第一批拓荒牛。姐夫很快挣到了一点钱，在深圳买了第一套房。房子虽小，但他们从此在深圳安家了。姐姐也辞工从此做了家庭主妇，但也开始了要看姐夫脸色过日子的生活。姐姐后来又生了两个女儿，和姐夫的感情经历了离离合合。他们的婚姻完全破裂以后，姐姐终于生出力量去追求经济的独立，在做了十多年的家庭主妇后重新出去工作，她在超市找到了活儿。工作让她的生活忙碌又充实，让她找到了自己的价值，她开心也自信多了。

姐姐热爱城市，她非常喜欢像深圳这样经济繁荣的地方，她说即使讨饭也要待在这里。

然而有时，她会感叹自己的命不好，遗憾没能实现自己的梦想，她说自己最大的梦想就是嫁个有钱人。

“从小家里就很穷，所以一直希望能嫁个有钱人。”

“年轻的时候就想嫁个港澳那边的人。”

“命不好，第一次投胎没投对，第二次没嫁对人。”

有时在电话里聊天，姐姐会跟我说起她这些未竟的夙愿。姐姐的内心深处似乎还深藏着那个离家出走的小女孩。

“有一次佳佳问我：‘妈妈，你为什么不嫁入豪门?’我问：‘你为什么觉得我能嫁入豪门？你觉得我很不错吗?’‘是啊，妈妈，我觉得你很不错!’我笑死了!”

我也笑了。想象一下，姐姐闲来无事坐在沙发上和自己的女儿们聊自己的彩色梦想，该是一件很有意思的事情。在那轻松的一刻里，她们憧憬着，向往着，欢笑着，感叹着，甜蜜着，苦涩着。最后姐姐叹息一声回到现实，从沙发上站起，出门买菜，继续接受命运给予的生活。

2017 年 6 月 24 日星期六于郦都

哥　哥

以前，母亲很喜欢提起哥哥小时候这样一件事：有一天，哥哥到母亲工作的地方去，母亲一个做会计的男同事过来逗他玩。哥哥小时候长得白白胖胖招人喜爱，这个男人每回见到都要逗他。这一回，他蹲在地上抱着哥哥问道："阿四，如果你有十粒糖果，给五粒你姐姐了，你还剩几粒？"

哥哥答道："我不会不给吗？"

"给啦，给几粒她啦！"男人继续引导。

据说，母亲的同事就是这样在算术方面启蒙了哥哥。从那天起，哥哥就不愿待在托儿所，而心心念念着要去上学了，他骑在托儿所的矮墙上，一副闷闷不乐的样子。人问他怎么啦，他说："我想去读书。"

母亲于是提早一年让他上学。

哥哥在读书方面表现了他的聪颖，至少在无人帮助的情况下，他顺利地读完小学，升入中学，成绩还很不错。那时候，哥哥很爱看书，他买了很多连环画，他买的连环画有整整一箱，这说明他不缺买书的钱，而且愿意把钱花在买书方面。

小时候，我很怕哥哥，因为他会打我。言语稍为不合，他就会追着我打，我一般逃不出他的手掌心，除非母亲在家。母亲在，我就会逃到她身边寻求保护；母亲不在，我难免饱餐一顿拳脚。有一次，哥哥要打我，我赶紧跑到伙房下面去，母亲正在做饭。我抱住母亲的时候，哥哥冲到了门口。但他马上停住脚步，垂下脑袋转身走了。有一次我已钻到了母亲怀里，但他还是冲上来捶了我一拳。还有一次，母亲不在，哥哥又要打我，我害怕极了，拼命地跑，冲进我住的那个房间，想把门锁上，然而哥哥赶上来，推开了门……

有一天，哥哥和姐姐发生争执。哥哥在暴怒中用剪刀去扎姐姐，姐姐的膝盖流了好多血，父亲用单车推着姐姐去医院……

这些都是童年时代悲惨的回忆。然而，也还有一些甜蜜的。

有一天，我走在路上，被飞虫蜇了脸。我捂着脸站在路中央，这时哥哥走过来问我怎么啦，我说被黄蜂蜇了。哥哥于是走上前，仔细察看我的脸，帮我把针挤出来。

还有一天，哥哥邀我和邻居的一个男孩去捡橡实。我们步行往橡树林去的途中，被一个村子的顽童欺负了。后来我们回家的时候再不敢循原路而返，而是穿过田地、溪流往家的方向走。当我们走到一条小溪前正准备涉水而过时，看见母亲正在对面沿岸行走。哥哥叫我们蹲下，我却忍不住站起来喊了一声"妈!"结果当天晚饭后，母亲鞭打了我，她用树枝抽我的腿脚，一边抽一边生气地责骂：

"叫你去玩水！还去不去玩水?"

就在我疼得在地上乱跳哭着向母亲求饶的时候，哥哥从伙房里冲出来，他站在母亲和我之间，面向着母亲勇敢地说：

"要打就打我，是我带妹妹去的!"

母亲霎时泄了气，扔掉了鞭子。

哥哥念初中的时候是个非常独立的男孩，独自骑车到镇上买衣服，洗自己的衣物，给自己的衣服钉扣子，甚至用缝纫机缝补衣服。

在城里读了一个学期的书回来后，哥哥整个好像变了个人。以前寡言的他如今夸夸其谈、口若悬河，仿佛活了十多年内心的话留到今天才说，那积存了多年的话语因而如决堤的河水一样奔涌出来。而母亲为这个儿子感到多么骄傲啊！当哥哥坐在沙发上滔滔不绝、眉飞色舞讲述一切的时候，坐在一旁的母亲望着儿子高兴得容光焕发！而哥哥也非常享受那种天马行空述说一切的快意，因为在那过程中，他成为了注目的中心。

哥哥不再自己洗衣服了，寒暑假回来，他换下的衣物泡在桶里一两天都不洗。母亲看不惯就帮他洗，母亲叫我洗我不肯干，因为我正在叛逆期，认为男女平等。有一年寒假，哥哥甚至还烫了头发回来。

哥哥大学三年是怎么度过的？具体情况我不得而知。但可以肯定，他花钱大手大脚，然而无心学业。他一入学就恋上自己班最漂亮的那个女同学。可以想象他为讨对方欢心，一定花了不少心思，比如买花、送礼物、写情书等。但最后还是无法令对方钟情于自己。

哥哥大学毕业之际，因为档案的事情到 Z 城。他顺便来看我，与他同行的有个女人。哥哥说是他多年的笔友，在他毕业之时特从海南飞来看他。

哥哥的第一份工作是在广州统一公司。那可是一家很有名的大公司。那年春节，哥哥参加工作后首次回家探亲。他带了很多公司的产品，也就是方便面回来，还给家人买了礼物，给我买了一件很酷的羽绒服，给了我利是。我们都很高兴，以为哥哥的事业有一个很好的开始。然而谁承想，这竟是哥哥工作生涯中唯一的一次辉煌。因为不久，他离开了统一。离开的原因我不得而知，他的解释是：公司太偏了，有钱没处花。如果哥哥的说法属实，那他当年真的是太轻狂，太不知天高地厚、世道艰辛了。生活很快给了他教训，自那时起，他再也没有像那年那样喜气洋洋、意气风发、富有成就感地归来了。

后来哥哥进了小公司。有好多年，哥哥挣扎在生存线上。有一回，我问起哥哥，父亲“哼”了一声说：“在海南给那个女人洗衣做饭。”

男人没有事业，腰杆也直不起来，爱情也不会长久。哥哥后来又回广州，和那个女人最后也不了了之。

有一年春节假期结束后，哥哥要走了。临行前，他问母亲索要路费。那天异常寒冷，下着很大的雨。哥哥打着伞，提着行李，走进了雨中。我站在门口目送哥哥被大雨吞噬的身影消失在巷道拐角，眼泪止不住流了下来。

那几年，哥哥虽然潦倒，但他对自己并没有失去信心，所以说话还有底气，在亲朋中还照样夸夸其谈、口若悬河。亲朋因而相信他是有本事的，只是时候未到，总有一天他会发迹。

哥哥确实还春风得意过一回。那年他交了女朋友，准备带回家来，父母特地把老房修饰了一番，还买了家具。春节的时候那女人来了，是个身材高大的妇人，长得还不赖，哥哥带着四处招摇。后来公司派哥哥到Z省去开办事处，那女人也跟着去。女人缠哥哥缠得太紧，无论哥哥是去搓麻将，还是去洗头，甚至去办公室，她都要跟着，担心哥哥又去招惹别的女人。这样，他们之间爆发了争吵，女人把哥哥客户的订单扔进了垃圾箱，哥哥的前途毁于一旦，他们的爱情也宣告结束……

哥哥元气大伤。他打麻将的瘾越来越大。看到身边的朋友发达的发达，娶妻的娶妻，生子的生子，而他蹉跎岁月一无所有。哥哥心里恐慌了，只想以最快的方式赚钱，所以他坐在赌桌前的时间越来越多。每年春节回家，他也抓紧时间在家中呼朋引伴摆麻将桌。他这样不成器，以致有一次他和赌友摆擂台的时候，父亲蹲在门口哭了。

哥哥再度失恋那年不回家过春节，母亲叫我去看他，我就去了，同往的还有L君。几年不见哥哥，我差点认不出他来，他胖得很不健康，面容憔悴，脸色晦暗，皮肤松弛，眼皮浮肿耷拉，眼睛布满血丝，眼睛周围是一圈很大的黑晕，那黑晕有逐渐扩大的趋势，使眼睛显得很黑很深，还有点狰狞吓人。哥哥仿佛老了十岁。我知道那是没日没夜打麻将的结果。那天是除夕，晚上哥哥带我们去逛花市。但他只是带我们匆匆穿过花街走个过场而已，连枝花都没买就回来了。他的心思不在这里。把我们带回住所，他就丢下我们出门去。哥哥通宵不回，我一夜未眠。想着哥哥堕落至此，心情难以平静。第二天早上，哥哥回来了，给了我五百块钱利是。我甚至怀疑，他是不是为了给我这五百块才通宵打麻将的，因为他必须要赢点钱。

其间，哥哥的前女友约我见面，向我抱怨哥哥对她不好，打她，也打她的狗，经常打麻将冷落她，等等。她就一点不记得他们在一起也有过甜蜜的时光。

过了两年，哥哥在Z城新居入伙，母亲、姐姐还有堂兄都去给他道喜，我也请了假去祝贺他。但不久，他当时的女友发短信来投诉，说哥哥打她，说房子是她的，给足面子哥哥才让他对亲友说房子是他买的。

又过了两年，哥哥又带了一个女人回家过年。唉，哥哥再穷，身边好像也不能缺少女人。对他来说，生命中似乎只有两件事最重要，一是赌博，二是女人。而离不开女人，恰恰说明了哥哥的脆弱。

又过了两三载，情路坎坷的哥哥终于在爱情方面修成正果，终于有女人不嫌他穷而愿嫁给他。嫂子不但长得好看，而且比哥哥年轻十多岁。我以为哥哥既已有了家室，又快当爸爸，总该洗心革面浪子回头了吧。那年春节，我们家人聚在一起时，还商量着每人凑点钱给父母盖两间房。我说我出五万，哥哥说他也出五万。但在那之后不久，哥哥做了一件令我伤心的事。我即将装修房子，哥哥说他急用钱，叫我先借给他，等我要用钱的时候再把钱给回我。我转给他五万块，可等我要用钱找他的时候，他却连电话也不接了。我就知道发生了什么事，但怎么也想不到，他会堕落到连妹妹的钱也骗。

和很多人一样，哥哥有过他的追求，他的坚守，有过他的诚实和善良。但在行走的过程，他迷失了。他失去了坚守的力量，他生命的小船被生活的浪潮打翻，他成了溺水之人。他挣扎着，只想抓住一根救命的稻草……

2017 年 7 月 23 日

娇　妹

第一次见到娇妹，我就惊艳于她的美。那时我还是个小孩，她也还是个小孩，她比我年长三岁。在我的眼中，那时的她简直美若天仙。她长得如何？我以为无论是她的脸型、五官，还是肌肤，都是无可挑剔的，宽额丰颐，脸部轮廓线柔和流畅，皮肤白皙细腻，双颊泛着桃红，一双含情的美目波光流转、顾盼生辉。这双美目是整张脸最生动最引人的地方，就像一轮满月被对半分开镶在了这张娇艳的面庞上。鼻子精巧，红唇虽欠丰厚，但非常性感，一笑就露出整口洁白整齐的牙齿。《诗经》那段描写美人的经典文字：“手如柔荑，肤如凝脂，领如蝤蛴，齿如瓠犀，螓首蛾眉，巧笑倩兮，美目盼兮”，就像是为娇妹而写的。

那时娇妹寄养在她爷爷奶奶家，她父母则在十公里以外的一个镇上，她父亲是一名中学教师。她奶奶是她爷爷的第二任妻子，没有给她的爷爷生养过孩子。她爷爷和我父亲曾经是同事，同在单车修理铺工作。我父亲要听命于她爷爷，挣的钱很少，这大概是我父亲工作不开心的原因。后来她爷爷和她奶奶开米铺去了，留下我父亲继续修理单车，我父亲因而成了修理铺的老板，从此翻身做了主人，腰包鼓起来了，心情也日益舒畅。

那时和娇妹一同寄养在她爷爷奶奶家的，还有她弟弟。她弟弟和她简直一个样，也是那样的脸型，那样大大的眼睛，那样白皙的皮肤，只是瘦一些。总之，你一看见就会知道，他是她弟弟。但不知为什么，姐姐让人惊为天人，弟弟却只让人觉得是个白白净净、眉清目秀的寻常少年。

我和娇妹很少打交道，她和我姐以及德妹打交道比较多。晚修放学，她们经常结伴回家。在从电影院到家那段不足两百米的漆黑路上，她们曾不止一次遭受过色狼的突袭，所幸都有惊无险。曾经有段时间，我们四人同住在“妹子房”里，她们三个经常聊少女话题，我却只有当听众的份。娇妹很爱笑，大凡漂亮的女孩都爱笑吧，美丽的外表让她们自信又开朗。所以寝室里常常充满娇妹的笑声。有一次，我上床就寝之时，娇妹伸手来摸我的胸，然后笑着说：“好多肉哦！”我那时还是个小孩，胸部尚未发育，只是身体有点虚胖，她在取笑我呢。但我不以为意，虽然她出乎意料的举动让我觉得不大好意思。她美得像个天使，谁能生她的气呢？

她爷爷去世以后，她弟弟走了，回到他们父母身边，娇妹还继续留在她奶奶家。这大概也是她父母的意思，让她留下给老人做伴，使老人不至于太孤独。她奶奶我叫揭姨的，是个高高瘦瘦、形容枯槁的妇人，大眼高鼻厚唇，一头灰白差不多及肩的头发用两个银色发卡夹在耳边两侧。

我不知道娇妹平时和她奶奶相处得怎样，听说她奶奶对她极为严厉。有一次，我听到揭姨在她家那边像个高音喇叭那样骂开了，骂的就是自家孙女，因为她偷吃了花生。“简死食！番豆种都食到了！妹子人简死食巴得下落！”（这么馋！花生种都吃到完！女孩子这么嘴馋怎么得了！）骂了很久，音量之大，足以传到方圆几公里以外，仿佛唯恐街坊邻里听不见。那时娇妹已逃到我家，正和我姐站在门口倾听她奶奶的骂声呢，因为无处可逃没法不听。娇妹真吓坏了，她捂着胸口，大气都不敢出，怎么也想不到吃几粒花生会让奶奶如此大发雷霆。揭姨的骂声停歇以后，她就回去了，我和姐姐站在家门口看她远去的背影，真不知她哪来的勇气。我以为这事会影响她们祖孙俩的关系和感情，以为娇妹肯定会很害怕她奶奶，可几天以后，我看见她们一起走在路上，就像什么事都没发生过一样。

初中毕业后，娇妹到Z城读卫生学校去了，大概读书很辛苦，娇妹消瘦了很多，整个人也变得很沉静。我们见面的机会也少了。那时我姐已嫁作他人妇，德妹在家读高中。娇妹放假回来探望奶奶有时会过来找德妹，我因而得以偶尔见她一面。有一次，她从德妹家走出向我走来，我们就站在门口闲聊了一会儿。她突然望着我说我的下巴尖，让我颇感意外，还是第一次有人告诉我，说我下巴尖。我说你的下巴也很尖，她说没你的尖。

娇妹的下巴尖是相对她整张脸而给人造成的视错觉感，其实她的下巴尖得多么浑圆！线条多么优美流畅！有这样一张脸的女子应是有福之人，因她有旺夫相。

从卫校毕业后，娇妹在Z城的一所医院当护士。一年寒假的某天，她来我家串门。经年不见，她换了一个形象，只见她穿着黑色的毛衣，红色的短裙，红色的高跟鞋，整个人新潮又艳丽，已是百分百的都市女郎。深色的衣服衬托她的冰肌雪肤益发莹洁。她的清纯时尚让每一个见到她的人都精神振奋、眼前为之一亮！真是美丽俏佳人啊！当时她坐在沙发上，我父亲坐在她旁边，我坐在她另一边，我哥则站着。我父亲突然说："娇妹，你的脚怎么这么小！"经父亲这么一说，我的目光投向她的脚。她正优雅地坐着，一条腿搁在另一条腿上。只见她那双被红色皮鞋包裹的玉足果真娇小无比，宛如天生的三寸金莲！

不久，她结婚了，嫁给了自己单位的同事，那男人是Z城本地人，做财会的。又不久，传来她和她丈夫携带巨额公款逃跑的消息。事情很快暴露，他们被通缉、追捕。他们逃亡了几年，本想逃往海外，但没成功。东躲西藏的那段岁月，他们住在宾馆里，随身携带的四十多万人民币也不敢花。后来，他们在W市双双被捕。受审的过程，男人揽下了所有罪行，女人因而无罪释放。男人最后被判入狱二十年。据说丈夫刚被定罪，娇妹就提出了离婚……

我被这个事件深深震撼，不但因为事情本身有着电影小说里的曲折情节和戏剧性，还因为其中所包藏的丰富复杂的人性。故事有一个美丽的开始，却以悲剧收场。剧中的两位主人公是如何一步步走向命运的旋涡，他们的爱情又是如何一步步被裹卷和吞噬的呢？我可以想象整个事情的始末……

男主角为女主角的美所倾倒，他对她一见钟情，狂热地爱上了她。他们坠入爱河，继而步入婚姻的殿堂，尽情享受青春与生命。然而好景不长，女人对物质有着很高的要求，男人的收入水平远远无法满足她的欲望。为了让心爱的女人开心，为了能过上幸福的生活，男人决定铤而走险。他利用工作上的便利，在账目上做了手脚，从银行提取了一笔巨额现金。你可以想象他们拿到这笔巨款时内心的不安与狂喜，这可是他们辛辛苦苦一辈子都挣不到的。他们梦想着携款双双远走高飞出国去，从此逍遥过活。然而事情很快暴露，他们被通缉、追捕，因而不得不亡命天涯。在东躲西藏的那几年时间里，他们寓居在小宾馆里，不敢随处走动，随身携带的几十万现金也不敢花。整天提心吊胆，他们再也没有心情谈情说爱、风花雪月，往昔的甜蜜消淡了，他们只生活在懊悔和担惊受怕之中，甚至开始相互抱怨。直至有一天，警察打开了他们所在宾馆的房门……

在法庭接受审判的过程，男主角像个男子汉那样揽下了所有的罪过。他深爱自己的妻子，他无法想象娇妻坐牢、在监狱中受苦。一想到妻子的花容月貌在备受煎熬中凋残，他就心如刀割。他决定独自承担一切罪行，以让心爱的女人继续享受自由的生活。

站在被告席上受审的时候，女人是多么害怕啊！她的身子甚至在发抖。她不知等在前面的会是什么。如果被判有罪，她该怎么办！她无法想象自己坐牢，她受不了那样的苦。她紧张得心都提到了嗓子眼，而喉咙发干。所以，当法庭宣告她无罪的那一刻，你可以想象她是怎样大大地松了一口气。悬挂心头的那块巨石安然落地，她闭上眼睛好一会儿，在深心里感激命运的格外开恩。当然，她最感激的是她的丈夫，她知道他是多么爱她！

然而男人的贪污罪名成立，被判入狱二十年！审判结果一宣布，男女主人公都感到这仿佛晴天霹雳！对于男人来说尤其如是，虽然他早有心理准备，但二十年毕竟太漫长了！他感到天旋地转。生命中最好的年华要在监狱中度过了，那将是多么难熬的岁月！他真不知如何面对未来的日子，唯一稍感安慰的是，妻子可无罪释放了。

女人对男人的审判结果很是震惊，丈夫从此要吃苦了，那种苦是难以想象的，这也意味着她将失去一个丈夫。但不管怎样，坐牢的毕竟不是自己。女人不由得为自己能逃过一劫而深感庆幸。然而丈夫要坐二十年牢啊！自己如何为他等待呢？不可能，她无法想象自己孤身一人度过二十年，正如她无法想象丈夫要在铁窗里受尽煎熬一样。所以，尽管她知道丈夫深爱自己，知道丈夫所做的一切所受的苦都是因为自己，她还是毫不迟疑地提出了离婚。

对于男人来说，二十年徒刑一经宣布，他就霎时感觉自己老了。然而让他老得最快的，是他刚被定罪，妻子就提出了离婚。当那两个字从自己深爱的女人嘴里吐出的时候，他感到五雷轰顶，两眼发黑。他肝肠寸断、心如刀绞！他感觉自己的心碎成了片片。他爱她，愿为她冒险，愿为她做一切事，愿为她受苦，当然也愿意给她自由。他知道二十年对于一个女人来说太漫长太残酷了，他不会要求她守候，她是可以选择离开的。但她又未免太急于离去！在他万念俱灰、生命落入谷底，正需要安慰，需要别人给予力量和勇气去点燃生之欲望的时候，她却无情地转身离开。要知道，他所做的一切、所受的苦都是因为她啊！他的心碎成了粉末。女人啊，你的名字叫“脆弱”！

我不知道离婚以后，娇妹还有没有去探过那个男人，我想是没有的。唉，还有什么好见的呢！彼此的心都已沧桑了吧。后来娇妹离开伤心之地，去了D城，在一个老乡开的私人诊所里当护士。时隔多年后，我见过她一次。她回Z城办事，顺便来找我。她打摩的到我住的附近下车，我去接她。那时我们已十多年没有见面。她已不复当初的模样，颜色尽失，是个沧桑的妇人，穿着一身色彩黯淡的衣裙。但我还是在车流人流中一眼认出了她。我喊道：“娇妹！”她走上前来说道：“佬妹，你还认得我！”

在我那间出租屋里，我们坐着吃西瓜，聊了近两个小时，不外乎聊聊彼此的生活和近况。她说她在我们东升老乡开的诊所上班，工作又累又辛苦，薪水却很低，就千把块。其间她提起了当年那件事，但没具体说什么，我也不好细问，怕触到她的伤心处。那件事对她生命的影响之深是可以想见的，因为她的人生从那时起发生了转折。那段经历也因而成了她一生中最刻骨铭心又不堪回首的传奇吧。近两个小时的聊天，她没有笑过。我记得她说了这样一句话：“我知道他很爱我，所做的一切都是为了我。”

一晃又好几年过去了，娇妹在D城和本地一个有家室的男人生了一个女儿。从姐姐发来的照片看，那个可爱的小女孩有一双大大的眼睛，在一定程度上继承了其母的美貌。而娇妹此时已严重发福，照片上的她面带笑容，有着母亲的恬静与安闲。

“她那时常常感叹：‘我长得也不错，命怎么就这样差呢！’”姐姐告诉我。

这大概就是天意弄人红颜薄命吧。然而我又觉得，她其实不必这样感叹，如果她记起，曾经有一个男人那么真心和深情地对待过她，为她铤而走险，和她亡命天涯，为她承担一切罪过，她就会得到安慰和满足。然而也许，她已淡忘了那个男人——她必须淡忘，好让内疚不那么深地噬啮自己的灵魂。她恐怕也不愿再忆及那段不堪回首的往事，尽管刻骨铭心、没齿难忘……

2017年7月7日于郦都

梅　姐[1]

梅姐小时候很瘦，总是穿着学校发的深色运动服，黑色或深蓝色，那衣服在她身上总是显得短而且窄小，她的手臂和腿总是长出于袖子和裤管很多，整个身子看上去像一根牙签。她的动作像小鹿一样敏捷而迅速，一秒钟前她还站在她家上房门口，一秒钟后她蹿到她家伙房下面去了。

那时，她常和她弟弟在一起。他们一块上学放学，姐弟俩同级同班。父母工作忙，他们就自己照顾自己，一起玩耍，一起做饭吃饭。

一天，老师布置了一篇作文，我发愁不知怎么写。这时看见梅姐在她家，我灵机一动，决定向她请教，她读五年级，比我大五岁，高我三个年级，应该比我懂得怎么写作文。我走进

---

① “德”是梅姐父亲的名字，邻居们称她父亲的儿女为“德子”“德妹”，“梅”是“德妹”的名字。

她家跟她招呼道："德妹，你在做什么?"

她正坐在两把椅子之间做功课，大椅子当书桌用，上面摊着作业本和书本。看见我进来，她抬头笑着说："佬妹，我在做作业。"

我一看，她正在写作文，或者准确地说，她在抄作文，椅面上摊着一本作文书呢。我问："能让我看看吗?"

她很大方地把作业本给我。她抄的是一篇描写公鸡的文章，还没抄完。我看了一遍，自己的作文有了着落，我回去写了一篇母鸡带小鸡的文字——生平第一篇不算作文的"作文"，结果老师还在班上念了。

一天中午，梅姐和她弟弟在屋后荡秋千，秋千是他们自己造的，把绳索挂在两棵树之间，绳上面搁块木板，就这么简单，但他们玩得很开心。我把书包放回家，就兴冲冲跑到屋后去。我问："能让我也玩一下吗?"

我担心不受欢迎，但他们欣然应允了。德仔干脆让给我们玩。我和梅姐你推我搡，玩得开心极了。我笑个不停。梅姐把我推得很高，有好多次，我感觉自己要飞上屋顶了。我笑得抓不牢绳，屁股也滑出了木板，我想告诉梅姐别推了，我要掉下来了，但怎么也止不住自己的笑声。所幸梅姐也累了，及时停了下来，我终于没变成空中飞人。轮到我推梅姐的时候，我使出吃奶的力也没法让秋千荡起来，因为她比我年长，比我大得多，所以梅姐不得不自己也使点劲。

一天下午在放学回家的路上，我看见梅姐走在前面，就快步走上前喊她："德妹！"

她回头看见是我，也很高兴地笑着招呼道："佬妹！"

她正端着饭盆，里面装着饭菜，那饭是切成正方形的，取自她母亲工作的机关食堂，一股很香的青椒瘦肉味飘出来。她一边走一边吃。

"很香！"她说，"你也尝一下。"

说着她用汤匙喂了一口饭菜给我，味道果然不错！那青椒瘦肉味从此留在了我的记忆中。此后，我再也没吃过那么好吃的青椒瘦肉了。

有一天，梅姐和她母亲拌嘴。她母亲生气地说："养你有什么用？"

梅姐回敬道："又不是我叫你生我的，你可以把这条生命收回去。"

梅姐那时大概读了琼瑶的《窗外》，所以就套用了小说里主人公对母亲说的话。她母亲更生气了，追着她打，梅姐拼命地跑。

那时候，发鸡瘟是常有的事。鸡瘟一来，鸡鸭会大片大片地死亡。有一年的瘟疫尤其厉害，街坊邻里的鸡鸭几乎无一幸存，屋里屋外，到处是家禽横陈的尸体。我一只心爱的小母鸡也死了，我伤心地痛哭了一场，然后抱着它的尸体到外面去，准备让它与别的死去的鸡鸭同葬。梅姐和她弟弟已经挖好坑把他们家的鸡鸭放进去了，正准备填土。我喊道："等等！"然后急步上前，把小母鸡已经僵硬的尸身放进去。站在一边看他们填土的时候，我忍不住哭了起来。他们姐弟看我哭反而笑了，他们停了下来，扶着锄头望着我。梅姐两只手握着锄头柄的末端，她的下巴搁在手背上，她就那样意味深长地笑望着我，嘴里还嗫嚅着："佬妹！"似乎我为一只鸡的死而哭是颇值得玩味的。

这些就是发生在梅姐和我之间的故事，是关于梅姐的回忆。记忆中，梅姐是一个友善亲切、单纯快乐的人，少女时代的她是没有忧郁悲伤的，她无忧无虑地生长。

上初中的时候，梅姐渐渐出落成一个动人的少女，身材高挑修长，皮肤白皙，瓜子脸，大眼高鼻樱桃嘴，长发柔软黑亮，可以说是个美人。

我念初中的时候，梅姐上高中了。那时只有我们两人住在"妹子房"里，我姐嫁人了，娇妹到外地上学了。那时，我专心于功课，每晚自修回来后，我还继续在昏暗的灯光下看枯燥的教科书，做单调的习题。梅姐每次推门进来看见我在用功都跟我打招呼："佬妹，在做作业啊？"

然后她就径直上床。一开始，她躺在床上还继续絮絮叨叨地跟我说话，我也敷衍着跟她聊几句。然而我竟无心跟她说长道短，我只记挂着功课，于是渐渐显出了冷淡，她大概察觉到了，所以识趣地闭上了嘴。以后她就再不跟我聊什么，一进屋打声招呼就上床睡觉，留下我继续在桌前研究题海战术。唉，当年为了那些无用的功课，我错过了与多少人交流情感啊！梅姐很快就进入梦乡，她香甜的鼾声随即在屋内响起。她就是以这样的形式，在很多个深夜陪伴我孤灯下寂寞的身影。

梅姐从来就没在功课上用过心。她卷面上的成绩总是三四十分她也不以为意。她的特长在体育方面，她是学校篮球队的队员，每天早上很早起床去练篮球。我记得她乒乓球也打得很好。

那时梅姐迷上了言情小说。起先她借过几本琼瑶的作品，后来都是岑凯伦的，再后来是亦舒的。她一本一本地借，一本一本地读，无所用心，纯粹是为了打发时间。有时周末她躺在床上翻看那些痴男怨女的故事，看着看着就睡着了。我翻过几本她带回的岑凯伦的书，但那些苍白的故事吸引不了我。以前我姐未嫁之时，也是很喜欢读爱情小说的，她的床头和书桌上出现过琼瑶和张爱玲的作品，我对《窗外》和《几度夕阳红》印象深刻——那是我读长篇小说的开始，但《半生缘》还读不进去。我姐离去以后，琼瑶消失了，岑凯伦和亦舒粉墨登场，出现在了妹子房的床上。

一天夜里我醒来，漆黑中听见屋里有男人说话，我“啊”地大叫起来。当时和我同床睡的，是梅姐篮球队的一个高个短发女孩，梅姐那段时间和她来往比较多。也许我吵醒了她，也许她还没睡着。她大概以为我在做噩梦，所以赶紧摇我：“佬妹醒醒，佬妹醒醒!”但我继续大叫且双足蹬床。梅姐赶紧从她的床上跳起，过来和她的朋友一起努力让我安静下来，她们在黑暗中抓住我的胳膊和腿不让它们乱动，还用手捂住我的嘴不让它出声：“佬妹，别吵!”她们怕吵醒邻居，因为墙壁隔音效果很差，夜深人静之时，一点动静隔壁都会听得一清二楚，她们可不想邻居知道她们带了男人回来过夜。但我还是好一会儿才安静下来。因为我吵闹，那男人显然很不高兴，他在梅姐的床上，在漆黑中恼怒地诅咒了几句。我被困倦征服，虽然很不喜欢屋里有个男人，但还是再次坠入了梦乡。后来我知道那男人是梅姐的同学，他们恋爱了。不久，梅姐有了身孕。我也不知道梅姐有没有高中毕业，总之，她的学生时代在那时画上了句号。

因为女儿未婚先孕，梅姐的父母很生气，他们不同意女儿嫁给她同学，他们甚至不想认这个女儿了，要和她断绝父女母女关系，把她赶出家门。梅姐大哭了一场。这大概是她长大成人后第一次如此伤心地痛哭，她一向单纯而快乐，从没有什么烦心事。但而今，她知道了人生的残酷。她流泪拜别了父母，去了她同学家，他们就那样成了夫妻。一年后，她父母终于接受了女儿成为他人妇的事实，他们前嫌尽释，梅姐又回娘家探亲了。但自那时起，我就很少再见到她。她和她丈夫生儿育女，到外地打工。她后来成了四个孩子的母亲。几年前，我在我父母家见过她一次，她回来探亲，我姐也从深圳回来。我们三个儿时的姐妹很难得聚在一起聊天。梅姐已经严重发福，体重达 130 斤，不复当初的修长苗条了。彼时，她已升级当祖母。那么年轻就当了奶奶，真令我这个连家室孩子都没有的妹妹惭愧。当她左一声“我儿媳妇”，右一声“我儿媳妇”的时候，我和我姐都忍不住笑了。

2017 年 7 月 12 日于郦都

浦哥和阿真

“浦哥”不是名字，是邻居们对浦哥的称呼，在他的名后面加了一个“哥”字，以示尊敬。

浦哥家是最早拥有电视机的。9 寸国产黑白机，我们邻居都曾在夜晚搬了矮凳聚在他家门前看过节目。

我印象深的，是浦哥的笑容。和别人说话的时候，他的脸上总是堆满笑意，用“笑容可掬”来形容是没错的。那笑自然、友善、亲切、甜蜜，然而有时竟荡漾着一种暧昧不清的东西，使人疑心其中是否别有深意。他说话时的声音和语速也是我不能忘的，温柔绵软，尤其在对女性说话的时候，仿佛他用声音来抚摸你，用声音代替手一遍遍摩挲你赤裸的肌肤，使你浑身不自在。

浦哥无疑喜欢女人。能和年轻的姑娘们搭话，对于他的心灵来说，是一种莫大的抚慰。有时他在门口劈柴，我姐或德妹上去和他聊几句，他浑身就会更加充满力量。我姐带了女同学回来，他远远就会热情地招呼，并与之攀谈。

一天晚上，我到浦哥家串门，想找他儿子玩。一进屋却看到两个女学生正端庄拘谨地坐在破旧的沙发上，而浦哥正热情地张罗，为她们端茶递水。那份殷勤和小心，能极大地满足女人的虚荣。那两个女学生是我姐的同学，不知怎么出现在这里。是来找我姐找不到被浦哥邀到家中的呢？还是浦哥在路上遇见才发出邀请的呢？一个女孩的脸色比较严肃，另外一个女孩则放松一些，她的嘴角眉梢都挂着若有若无的笑意，大概是因为感受到浦哥的殷勤和对她格外垂青一些的缘故吧。她内心的欢喜通过她发亮的双目明显地流露出来。她的双颊有一对酒窝，轻轻一抿嘴或微微一笑，它们就会深深显露出来。大概是这对酒窝醉倒了男人，让他神魂颠倒、飘飘欲仙。浦哥完全顾不上理我这个小孩，他的心思完全被眼前的少女占据。毕竟，年轻的姑娘到家中做客，在他的生活中不是常有的事，甚至可以说，是千年等一回的事。

总是面带笑容、话音柔和、对女性殷勤有加的浦哥竟会动手打老婆，这是我想不到的。一天中午放学回家，我看到他们两夫妻在门前扭成一团。浦哥显然很生气，从地上拿起一块砖头去敲女人的头。女人应声倒地，直挺挺地仰躺着，再也无力挣扎和反抗，她的额头渗出血来。我远远地看着，震惊于眼前发生的一切，不知他们因何事争执，以致要大打出手。我想多半是因为经济的问题，贫困是引发夫妻争战的重要原因之一。群英姨是个强悍的女人，个头比老公高大，但她在倒下的瞬间，也许感到以后要对这个比自己矮半个头的男人温顺一些了。

后来他们夫妇卖冰棍——我们俗称“雪条”。我在路上看见过他们在大太阳下推车行走的情景。但很快，他们接手了一间冰室，以后每天中午放学，孩子们都会在返家返宿舍的途中涌进那里，挑选着合自己口味的冰棍。冰棍五分钱一根，有三种口味：红豆、绿豆和不加任何东西的。我那时可没少在放学的途中和同学拐进那里。大热天走得口干舌燥，放一根清甜又冰凉的雪条进嘴里，是一件惬意无比的事。他们的产品质量不稳定，有时冰棍的表面有一层像粥皮那样的东西，尝起来咸咸的。但这影响不了他们的生意。他们很快赚了钱。可以想象一下他们每天晚上清点那些面值一分两分五分的纸币的情景。他们就那样把钱一分两分五分地攒了起来。很快，他们盖了楼房，搬离了老屋。他们是最早搬出老屋的住户，十多年后，才有第二户邻居离开。住进楼房以后，他们不再做冰棍的生意，转而在自家楼下开了米铺，出售米、糠、麦皮等物。我很少再见到他们，有时放学回家在他们楼下门口遇见了，就淡淡地打声招呼。几年后，他们生了第二个儿子，有一回从他家门前经过，我看见浦哥正蹲在地上抱着他的儿子。两个儿子之间的年龄相差约十一二岁。再后来，他们搬到了县城，在那里也盖了一栋楼房。再后来，他们为了生意举家迁往广西，做起了药材生意。据说，那是他们的家族生意。我记起，浦哥的兄长是一名中医，曾在家乡开过药铺，而他弟弟则开过食品批发部。药材生意使他们的家族暴富。

浦哥的大儿子值得一提。他这个儿子名叫“阿真”，比我小一岁，有一双大大的眼睛，一个大大的肚脐，脾气很坏，非常任性，是个让人害怕的小孩。

一天中午，我到浦哥家去，看见阿真正在摆弄一个布娃娃。娃娃的衣服已经很旧了，脏得看不出原来的颜色，但她的眼睛大大的，睫毛长长弯弯的，圆圆的脸红扑扑的非常可爱。阿真对这个新玩具很好奇，不停地摆弄它。我很喜欢这个布娃娃，从没见过这么可爱的东西，它让我的心产生了惊艳。我怯怯地提出请求：“可以让我玩一下吗？”阿真很大方地把娃娃递给了我。接下来的数日，我一放学就到他家去玩娃娃，感觉幸福极了。然而第四天中午踏进他家门的时候，我看见了可怕的一幕：阿真正在“屠杀”娃娃，他把娃娃肚里的棉絮全扯了出来，沙发上地板上全是白花花的棉絮。阿真这么干的时候，脸上一直带着残忍而快意的笑。棉絮全扯出来以后，他就把娃娃扔到一边。没有了五脏六腑的娃娃奄奄一息地躺在沙发上。我伤心极了。

一天晚上，阿真突然冲进我家，急急地对我说：“快点过来，看我妈洗澡！”说完他转身就跑了，等不及我回答，生怕错过了什么，我没有时间思考，只有飞快地跟着他冲到他家去。那时我们家里都没有独立的卫生间和浴室，沐浴要在伙房进行。其他人退出去以后，把伙房的门窗紧闭，然后洗浴。我和阿真站在他家伙房门外，双手扶着门板，脸也贴在上面，眯着眼睛往门缝里瞧。只见屋里灯光昏黄，四周的环境很晦暗，黑乎乎的地板和屋顶，灰乎乎的墙壁，地面上摆着桶、浴盆等东西。然而肉体明亮着。他母亲已脱了衣服，正从伙房深处走上来舀水。他母亲是个身材高大丰满的女人。“你看那奶子多大！毛多黑啊！”阿真说着，一脸坏笑。谁曾想到，若干年后，我洗澡之时也这样被邻居的小屁孩在门外偷窥。

他们搬家后，我很少再见到阿真，偶尔看见他骑着三轮单车送货给顾客，还看见他骑车送弟弟上幼儿园。他初中毕业就不再上学了。高中毕业那年暑假的某天，我和一个男同学走在路上正准备拐进路边的餐馆吃东西，这时看见他骑着三轮单车迎面过来。好几年不见，他惊异于我外表的变化。我们彼此招呼，寒暄了几句。他的脸上始终挂着一种狡黠又暧昧不清的坏笑，这笑似乎在提醒我，我和他之间有一些彼此心照不宣的往事。他说他请客，我和同学吃午饭他埋单，叫我们把账记到他头上，然后他骑车离去。我和同学进餐馆。但同学不愿吃白食，他说：“谁要他埋单！”

那以后，我再没见过阿真，但听说了他那些颇富传奇色彩的经历：如何在公车上与人发生争执，捅了人，成了通缉犯；如何逃亡，成了千万富翁，后又破产，债台高筑云云。

2017 年 5 月

涂姨和三哥

我从没见过涂姨的丈夫，从我记事起，她就是个寡妇。

涂姨有二子一女。在我很小的时候，她的大子就外出工作了，我很少见到他。于我而言，他像是突然蹦出来的，我甚至花了很长时间才搞清楚他是涂姨的儿子。结婚以后，他逢年过节都会偕妻儿回来探望家人。涂姨的女儿二姐大概在我读小学六年级那会儿嫁人了，夫家离娘家不远，逢年过节，她也总回来探望母亲。涂姨自女儿出嫁后，就与小儿子相依为命。

在我的印象中，涂姨总是忙个不停：劈柴、做饭、喂鸡、淋菜、带孙儿……我甚至都没见她停下来休息过。她从不串门，不和邻居往来，只待在屋里和自家领地围着自己的家事转。

和吴姨一样，涂姨也帮助自己的儿女抚养他们的儿女。先是把大儿子初生的女儿养一段时间，然后把女儿的大儿子从婴儿时期养到六七岁，接着照顾女儿的二儿子读完初中。此外，还拉扯大小儿子的二子二女。

涂姨对待孙儿的态度有意思。同样是理发，孙子享有到发廊理发的特权，外孙和孙女却只配她用剪刀粗率地处理一下。她用剪刀把他们的头发全剪掉，剪成几近光头的样式，但不平整，残留的发根在头上形成一条条一圈圈的纹样，甚是难看。她从不骂孙子，却会呵斥孙女。孙女醒来躺在床上一直哭喊着“妈妈，妈妈”，她却充耳不闻，置之不理；孙子安慰他的妹妹：“妈妈就回来了，妈妈就回来了。”她却说：“就让她哭！”

在抚养儿孙和操持家务的忙碌中，涂姨一天天老去，暮年的她弯腰驼背，消瘦得很厉害。那年春节的某天，我在父母家门口看见她伛偻着步出她家的伙房，手里拿着一个盆，里面有一些饭粒，显然是要去喂鸡的。她已经艰于行走，整个身躯已经枯槁弯曲得如同一只瘦小的虾米了。她脸朝地面、屁股朝天，上半身和下半身几乎折叠在一起。我问：“涂姨，您今年多大岁数了？”她停下，把那张满是皱纹的脸转向我说：“八十三。”停了一会儿，她又说道——似乎她颇能理解我为何有此一问——“佬妹啊，不干还是没得食啊！”语气里有对自己无尽的哀怜。很快，她连行走的力气都没有了，只能躺着。一天，我看见三哥站在他家门口，我跟他打招呼，顺便问了一声：“涂姨呢？”“我妈在睡觉呢。”三哥答道。涂姨听见了我的问话，就在屋里应道：“是啊，佬妹，我在睡觉，走不了了。你回来了？”她的声音很虚弱，语气里却只有对自己宿命的完全接受。我就知道这个忙碌了一生的老人已经时日不多，她走到了生命的尽头。她再不能像从前那样劈柴、做饭、喂鸡、淋菜、带小孩……一个卑微的生命结束了她在尘世的历程。几个月后，涂姨回归尘土，获得了永久的安息。

涂姨走后，三哥和妻儿仍住在老房子里，与我父母继续做邻居。其他住户都搬走了，只剩三哥一家和我父母住在那里。两年前，他们在老屋的旧址上各起了一幢两层但都没装修的楼房，准备要做永久的邻居。

关于三哥，是有很多故事可说的。

我不能忘怀三哥那爽朗、富有感染力的笑声。在人群中，在与人交谈的过程中，他不时爆发出这样的大笑，使旁边的人也被他的快乐感染。他说话风趣，常常在说话的过程中自己先笑了起来。他在屋里通过磁带听相声、小品时常常一个人大笑，声震屋宇。有一次，我在家里的伙房深处听到三哥“哈哈”的笑声，不由自主也笑了起来。

三哥年轻时喜欢种花，他在家门口种了很多花：蝴蝶花、太阳花、月季、玫瑰、凤仙、水仙、吊兰……他还买了非常漂亮的花架来放吊兰。此外，他还喜欢听音乐，也就是流行歌曲。那时他经常放的是邓丽君的歌。读高中大学那会，我还借过他的邓丽君专辑——宝丽金公司出的精品。我对邓丽君的喜爱不能说与他没有关系。他也听相声、小品、音乐剧，他反复放过一个关于三角恋的爱情故事，讲一个年轻人踏进大学校园以后，和班上一个美丽活泼、热情奔放的女同学相爱了，他沉醉在爱河，把家乡的恋人忘得一干二净。直到昔日恋人找来，他才如梦初醒，陷入了痛苦之中，因为他无法抉择，选择新人，将意味着伤害旧人……我还记得两位女主人公的名字：一个是白莎莎，一个是罗兰，也记得那表现男主人公内心矛盾挣扎的声声吟唱："罗兰，罗兰……"甚至可以说，这是对我早期的文学启蒙。

三哥出去打工以后，渐渐就把栽花的爱好放弃了，也不听音乐、小品，而改看电视了。

三哥对我姐是否有过意思我不知道，但我记得有两三个早上他跑到我家叫我姐起床的情景。他坐在床边笑着对我姐说："起床啦，起床啦，好起床啦！"像在哄小孩，又像在挑逗。身子还朝我姐那边倾过去，想要伸手去触碰我姐。他大概被我姐迷住了，我进来他也毫不在意，没有收敛，还继续笑着叫我姐起床。我姐呢也没有生气，但一言不发坐在床头，用被子遮住身体。她穿着白色背心，下身藏在被子下面。他们对视着。我那时当然认为三哥这是不良行为，但现在回想，感觉他在那种情境中只是个大孩子，他真心喜欢着一个女孩，并没有意识到自己的行为有什么不妥，他的笑是纯洁的，举止是无邪的。我以为他会追我姐，然而他对我姐仿佛突然间失去了热情和兴趣。我非常纳闷，也许他清晨的顽皮之举被我母亲发现而制止，也许他遭到了我母亲严厉的斥责，从而把爱欲扼杀在萌芽的状态里。

三哥到了婚嫁年龄，有人介绍了一个广西女人给他。那女人到三哥家来时浓妆艳抹、衣着俗艳。三哥再三考虑，拒绝了这门婚事，因为担心这女人是个骗子。这并非多虑，很多广西女人在我们家乡一带通过婚姻骗取钱财，骗了钱就走人。然而这个女人说，她不要三哥的钱，反而会倒贴钱。这样，三哥就捡了一个老婆。这个叫阿翠的女人婚后还继续穿着那些大红大绿的绸缎衣服，显得极为妖冶，与周围的环境极不谐调。后来她脱下这些色彩俗丽的衣裳，而换上朴素的粗布衣服时，我发现她竟是个极美的妇人：高大的身材、白皙的皮肤、端庄的容貌。一个冬日，她到我房间来，和我交谈了几句，她称赞我的字写得好，对我有机会读书极为艳羡。彼时她已嫁给三哥一段时间，已学会了说当地的方言。在和三哥、涂姨磨合的时期，以及努力融入当地生活的过程中，阿翠经常回娘家。事实上，在和三哥做夫妻的几年时间里，她很多时候待在娘家，或者说不在夫家。她给三哥生了一个可爱的儿子，几年后，又生了一对可爱的龙凤胎。但阿翠竟不是一个长命之人，孩子尚年幼，她就撒手人寰，据说是因为患了肺癌。阿翠走后，他们的大儿子和女儿被阿翠娘家的人接走，从此在广西那边生活了。三哥去看望过儿女，但他们竟不愿跟父亲回家，宁愿待在外公外婆身边。三哥临别时对他们说：“那你们要记住，是你们不要爸爸，不是爸爸不要你们。”长成少年后，那两个小孩回来探望过父亲一次，小女孩已出落成一个小美人，一头长长的柔软的秀发，样子活脱脱她母亲的再版。当她从我面前跑过，我忍不住叹道：“好像她妈啊！”三哥的后妻正站在我身旁，我忍不住对她说：“这个妹妹长得好像她妈啊！”不知道三嫂听了心里是什么滋味。

三哥把自己最爱的小儿子留在了身边。这个小孩有着大大的眼睛、尖尖的下巴，声音稚嫩而清脆，的确招人疼，三哥那时常常把他抱在怀里。但这个小孩渐渐长成了一个忧郁而寡言的少年，与此同时，他也失去了孩提时招人喜爱的外表，变得又黑又瘦。他再也不笑，常常一个人站着发呆，脸部表情僵硬又麻木，你简直无法相信这是那个常常爆发爽朗大笑的三哥的后代。初中没念完，这个少年就加入了打工者的行列。

前妻死后不久，三哥的第二任老婆就进门了。显然，阿翠生前，他们已经好上，毕竟阿翠长期在娘家啊！三嫂看来是个能跟三哥过日子的人，和三哥情投意合，她的贤惠也显示了勤俭持家的本色。她给三哥生了一个可爱的女儿。

三哥曾两度出去打工，但最后还是回乡。在家乡为了谋生，他进过木工厂，开摩托搭过客，现在一所小学当保安。他们一家的日子过得很清苦。

一年春节的某天，我和三嫂在家门前聊天，三嫂说起三哥："那时我说要到 L 城打工，阿三哭了。"

"三哥哭吗？"我问。

"是啊，嗷嗷地哭哦！"

离别，对于三哥来说，是生命中难以承受之重吧！这大概就是让他号啕大哭的原因。男儿有泪不轻弹，三哥竟在妻子面前毫不掩饰自己的脆弱，让我感动又感叹！

2017 年 5 月

吴　姨

从我有记忆起，吴姨就已经退休在家了。她是一个身材纤瘦的妇人，留一头黑亮柔软的短发，额前的头发全部梳起用一个银色发卡别在脑侧。这个发型保持了几十年，她的头发也一直黑亮柔软着，直到七十多岁的高龄才显露些许的花白与枯涩。

吴姨那时常在家门口边洗衣服边数落她的丈夫：“这斩头!”“斩头”是她送给她丈夫的称号。她丈夫坐在门前的小椅子上洗耳恭听，对妻子的抱怨完全没有反应。他可能早已对妻子的责骂习以为常了，也可能根本是听而不闻，因为他耳背又痴呆。吴姨的丈夫——我们称为家钦伯的——在我的印象中从来都是一个糟老头子，矮小、脸色黑红、老眼昏花，总是不断地流口水。以前和我妈在米粉厂工作的时候，他总是无法控制自己的口水掉到正在搓的米线上。随着年龄的增长，他的痴呆越来越严重，早晨和傍晚坐在门前的时间越来越长。他坐在那里发呆和流口水，别人从他面前走过，他眼睁睁地仰望着，却不知道是谁；跟他打招呼，他半天反应不过来，等别人走出了好几米远，他才在身后应道："是啊，是啊。"还说些答非所问的话。这样的男人应该是完全帮不上忙的了，恐怕连生活都难以自理，难怪吴姨要埋怨。后来家钦伯也不坐门口了，因为没有力气坐了，要躺着。他躺在床上没日没夜地咳嗽，他的胸口仿佛堵了很多痰。我住在隔壁，咳嗽声声入耳。大约在我到外地读高中那年，老人终于得以安息，结束了病痛对他的漫长折磨。放假回家，吴姨来串门，我问起家钦伯，她眼圈一红，叹了一口气说道："打台湾去了！"家钦伯在世时是她不小的累赘和重负吧，但尚有一个人可以侍候；一旦撒手归西，吴姨就只能形单影只了。

但这并不意味着吴姨在感受孤单的同时也能享受清福，她有很多孙子孙女要照顾。家钦伯在世的时候，她就同时既照顾老伴，又抚养小孩了。她三个儿子先后把自己的儿女送来，让她帮忙照顾和抚养。她照顾完儿子的儿女，又照顾孙子的儿女。他们中有的从婴儿时开始抚养，有的从孩提时开始拉扯。他们都在这里读小学和念初中，初中毕业后，就离开祖母，到别处继续读书，或工作谋生。吴姨拉扯和照顾大的孙儿女和曾孙儿女至少不下于七人。孩子们一个个离去，最后只剩下吴姨一个。她再不需要去照顾别人了，再不必操劳和忙碌，但形影相吊之中难免不陷入孤单。

有时白天我妈在门前择菜或捡豆什么的，她就会从她家那边过来，找我妈拉拉家常、扯扯闲话。吴姨是个性情诙谐的妇人，有语言的天才，以及模仿和表演的天赋。我不止一次被她逗笑过。说起某人，为了让对方更准确地了解，她常常会加上肢体语言动作。“他是这样走路的。”她说——有一次她蹲在地上和我妈说话时站了起来，开始向我妈模仿一个男人走路的样子：她屈着双腿，让它们呈外八字分开，两只手插进裤兜里，把两个裤兜鼓得高高的，然后这样走八字路。动作夸张又惟妙惟肖。我忍不住哈哈大笑。

和我妈讲男女之事的时候，吴姨喜欢把气氛弄得神秘兮兮，凑近我妈说话，声音压低，却又把音量控制在足以让旁人听见的范围内。有一次她当着我的面和我母亲说床帏之事，我那时在念高二吧，待字闺中，对男欢女爱还不大了解，在我面前谈论这些显然不恰当。但吴姨毫不避讳。在我看来，她根本是故意的，有我这样的听众，似乎能给她的叙说带来更大的刺激和快感。我母亲一边听她说话，一边低头捡豆子，对所听到的笑而不答。吴姨沉浸在讲述的快意中，还不时抬头别有意味地笑望我一下。她们在门口，我在屋里，我无法堵住自己的耳朵，那些话让我既感羞涩，又觉好笑，走也不是，留也不是。

吴姨有时晚上也来串门，到我家坐坐、看看电视。但她也许并非对电视节目感兴趣，而只是想到有人的地方，找找陪伴。的确，只有一个人的家是太冷清太安静了，她只想逃离。但她通常也不会在邻居家待久，十几二十分钟，她就会起身告辞，说回去睡觉了。也许那一刻，她忽然感到无趣，感到孤独无处不在。这种孤独感是怎样都无法驱逐的，只能独自默默承受，所以她不再期待旁人的陪伴能给予她想要的东西。

吴姨的头发终于无法抵挡岁月的侵袭而逐渐花白和枯涩，她也更加消瘦。身体的衰老使她感到自己时日不多，并因而感伤。“不是长命的人啊！”“没有多少日了！”她哀叹道。她的言谈也没有了昔日的诙谐和幽默。

因为年老和孤单，她需要照顾和陪伴，她的儿孙于是把她接走了。她因而离开住了大半辈子的老屋。从那以后，我很少再见到她。

2017 年 5 月

红　叶

我一直很想再见见小学同学红叶。小学毕业至今，很多年过去了，我再没见过她。有时，我会在不经意中想起这位年少时的同窗。她如今怎样了？已是几个孩子的母亲？这些年是怎样过来的？生活得幸不幸福，是否依然美丽？等等。我甚至梦见过她几回，醒来后惆怅不已，而渴望见她的心益加迫切。我向同学打听她的下落，但同学对她的情况也几乎是一无所知，更不可能有她任何的联系方式。就这样，在这个我们生活其中的小小世界里，我便长久地，也许会是永远地无缘再睹一个让自己萦绕于心的女子的芳容。

其实，我们之间并没发生过什么深刻难忘的事，我和她的关系是最普通不过的同学关系，从没结下过什么深厚的友谊，虽然我们曾经是同桌。那她为何会给我留下深刻的印象，以致于让我萦绕于怀、念念不忘呢？我想，是因为她的美丽。

红叶留给我的第一个记忆是怎样的呢？

小学入学不久的某天下午，课间时间，教室外面忽然非常吵闹，不断传来大片的笑声和起哄声。怎么回事？我和同学赶紧跑出去看个究竟。只见隔着篮球场遥遥相望的两排教室的门口、窗前、屋檐下不知何时已站满了不同班级的学生，人数之多，仿佛全校的学生已倾巢出现了。他们似乎正在观赏一出精彩的表演，一边看，一边笑着、叫着，场面热闹非凡。我顺着众人的视线望去，只见一个男老师正抱着一个又黑又瘦的短发小女孩往另一头走去，小女孩在老师的怀中笑着、挣扎着。

“是红叶，”旁边的一个同学说，“她长得好看，老师喜欢她。”

我“哦”了一声，望着男老师走远的身影，心里忽然有一种怅然的感觉。我仿佛那时才意识到自己有这样一个同学的存在，她竟有那样的魔力，不过六岁的小孩，才来到就在全校引起了一场轰动。

男老师抱着红叶走进一个房间关上门后，围观的学生的情绪才因无戏可看而低落下来，笑闹声也因而平息了下来。

那一天起，红叶就成了学校的名人，她也一直因为她的美丽而备受老师们的宠爱。

红叶是我平生所见过的最美丽的女子之一。她长得怎样？小学三年级时，语文老师布置了一道命题作文：《我的同桌》，我在自己的作文中这样写道：“我的同桌红叶，她圆圆的苹果脸，皮肤白里透红，一双水灵灵的大眼睛，樱桃小嘴，一笑有两个酒窝……”这段文字中只有关于眼睛的描写尚符合客观事实。如果红叶确如我年少时幼稚的文字所描绘的那样，那她不过是一个平庸无奇的女子。然而，她并非那样。她并没有白皙的皮肤，她的皮肤是微褐色的，很薄、很细致、很娇嫩。她瘦，骨头细巧，身材纤弱苗条。她面容清秀，五官精致，一张脸上，最吸引人的是那双眼睛，双眼皮，很大，很美，眼珠能灵活转动。所谓“明眸善睐”，我想就是针对这样的眼睛而言的吧。尤其令人难忘的，是那双美目放射出来的光芒，那是一种因生命美好而喜悦所流露出来的光，透过那种光，你甚至能听见美目拥有者的内心有一支动人的歌在吟唱。她细软的秀发垂到脖颈，一排整齐的刘海覆盖着前额。她鼻子小巧，嘴唇薄，唇线优美清晰，大板牙，但一点都不难看，并不影响她的容貌。

也许是因为长得好看的缘故吧，红叶的性格开朗活泼。她很爱笑，而且喜欢大笑，笑起来时眼睛眯成一条缝，嘴巴大大地咧开，露出可爱的大板牙。她的笑声清脆、响亮、爽朗。她爱唱歌，而且唱得很好，她的歌声像她的笑声一样悦耳动听。她一直在班上担任文娱委员，学校主办的晚会几乎都是她做主持，而且每次都有她的歌唱表演，她总是舞台上最耀眼的星星。

我曾经一度和她靠得很近，因我们共享一张桌子。其实我心底是非常喜欢这个美丽的同学的，成为同桌还是我提出的建议，老师排座位的时候，我拉着她的手对她说：

“红叶，我要和你坐在一起！”

她很高兴，欣然同意。

可成为同桌以后，我却处处与她作对，为难她、刁难她。比如，要在桌子上划分界线，一旦她的手肘越界，我就会毫不客气地把它推过去。我知道，我的心底一方面是喜欢她，另一方面却因她的美丽而生气和嫉妒。

因我待她并不友好，我们相处得并不愉快。后来，我们就不再是同桌了，彼此之间也没有了往来。上五年级后，我们分在不同的班，见面就更少了，偶尔在教学楼的楼梯或走廊遇见，打声招呼而已。那时，红叶已俨然出落成了一个小美人，亭亭玉立。有一次，她穿着蓝色连衣裙在走廊上迎面款款走来，我惊艳不已！

念完五年级，红叶因其父亲工作的调动而随家人迁到了S镇，那之后，我见过她一次。我无法忘怀最后一次见到她的情景。

那是念初一的寒假吧。有天上午，我走出家门，往电影院的方向走去。就在影院旁边那条路的拐弯处，我听到了一个熟悉的声音充满惊喜地响亮地喊我：

“小柳！”

当时我正低头走路，听到有人喊就猛地抬起头来。竟是红叶！我也颇感意外，一年多不见，她长高了一大截，也更加美丽了。是的，美得就像一朵清新的莲花，美得让人不敢正视。她笑吟吟地望着我，我却不敢迎接她的目光。我低着头，紧张而局促不安，说话结结巴巴、颠三倒四、语无伦次。那时，我才感觉自己的衣服是多么寒碜，而土里土气的我又多么像一个灰姑娘。我无地自容，恨不得地下裂开一条缝好钻进去。

那么强烈的在别人面前自惭形秽之前没有过，以后也再没有过。

见我如此局促不安，红叶笑了。我越紧张她笑得越欢。她看出了我的窘迫，也知道我为何窘迫。我面红耳赤、不知所措，最后支支吾吾找了个借口说有事要先走了。她没有为难我，而是让我离开。于是我们一个向东，一个向西，相背而去。转身走后，我大大地松了口气，然而一种沮丧一种悲伤开始袭来。我觉得自己刚才的表现糟糕透了，为何那么紧张？为何那么自卑？我为何不能像在一朵花面前那样泰然自若？为何不能像欣赏一朵花那样欣赏她？在一朵花面前我有必要紧张和自卑吗？同时我又深恨自己，为何不能也像天使般美丽？

我沉浸在自己的悲伤和自怨自艾之中，却万没想到，和她那次相背而去一别竟是二十年！而且很有可能今生今世都不会再见。有时走在路上，我多么希望耳畔会突然响起那个似曾相识的声音，而抬头一看，是她！她笑吟吟地望着我，仍像当年那么美丽，仍像莲花那般清新。

关于红叶，我还能说些什么呢？我对她知道得那么少，那么有限。

我只记得小学一年级时，她和班上一个男同学很好，两人是邻居，总是一块上学，一起回家，形影不离，好得让人嫉妒。于是我们同学经常取笑他们。渐渐地，他们就不再出双入对；渐渐地，他们就各各独自上学、回家了。后来，那个男同学随家人迁到了别的地方。再后来，她也离开了我们那个农场。

小学二年级，我和她同台表演过一出小品：《拔萝卜》，她演老太婆，我演老头子。

我去过她家一次，见过她父母。她父亲是一名中学数学老师，个子不高，戴着眼镜，斯文瘦弱。不知为何，他总让我感觉他在患着肺病。他很年轻，却未老先衰，头发已经花白。

我难忘她的母亲，一位美丽的少妇。一看你就会知道她是她母亲，因为母女俩实在太像了，简直就是一个模子翻出来的。看红叶，你会知道她母亲年少的样子；看她母亲，你会知道红叶未来的长相。她母亲烫着八十年代流行的卷发，穿着朴素。她虽然瘦弱，却很高大。她讲话的声音温柔舒缓，笑容也像声音一样温柔舒缓。她是她丈夫所在中学食堂的工人。

数年后，我在S镇街头再次见到了她母亲，我久久不能忘怀那次在街头所见的情景。那已是红叶一家迁到S镇两三年以后的事了。有一天，我和同学骑车到镇上去。那天好像并非集市之日，街上的人不多。我推着车边走边四处张望。这时，在街边一处比较开阔的地方，我看见了一个熟悉的身影，一个女人，一个年轻的少妇，她站在离人群较远的地方，一手牵着一个孩子，怀中还抱着一个。她在张望，似有所待，似无所待。她像在微笑，神情又似乎透着一股哀怨……那不是红叶的母亲吗？我很意外，定睛一看，没错，是她。尽管时隔几年，但我认得她，她的样子没变，依旧是烫着头发，依旧穿着朴素的衣服，依旧那么美丽——虽然又添了两个孩子——那无疑是红叶的两个弟弟。

我意外的是，红叶居然有了弟弟。她一直是独女，我以为她会一直是父母的掌上明珠。然而现在，她有了两个小弟。我感到意外的还有，像她母亲那样美丽的妇人，终究也难以逃脱要生一个两个或三个儿子的命运，终究也难以避免要掉进生活的泥淖。我难以接受这一点。我无法把美人与浊世卑琐的生活联系在一起，恰如我无法想象莲花落进了污泥。在我的想象里，莲花应永远高出水面，在淤泥之上；香兰与百合应永远避开尘世，深居幽谷。然而美人，却终将被生活吞没。

我心里充满了悲伤。我望着那个妇人，感觉她与周围的一切是如此不协调。她是那样遗世独立，仿佛因为是逃难才流落于此。

我定定地望着她，她也发现了我。我不知道她有没认出我是她女儿的同学。我们隔着几米之遥相望。我想着要不要上前打声招呼，喊她一声“阿姨”，和她闲聊几句。但我最终没有上前，一种复杂难言的情感拉住了我。我推着车走了，再也没有回头，虽然我多么想再看她一眼，多么想长久地看着她，直到永远。

此后，我就再也不知道与红叶有关的一切了，只是隐约听同学说，她读了卫校，后来当了护士。

有时想起这朵水仙，我就很想知道她如今怎样，而与此同时，她母亲的形象就会出现在我的眼前，那怀抱孩子茫然地站在街头的情景就会清晰地重现。于是我心里就会充满了感伤，美人再美，也终将会被生活吞没啊；美人再美，也终将会老去啊！可我之所以对她念念不忘，不就是因为她始终是以莲花、百合、铃兰、栀子、水仙等形象留在我的记忆中吗？那么，又何必非要再见她不可呢？你曾爱过某个人，多年后你再遇到他（她），很可能曾存留在你心中的那份美好情感会被破坏殆尽。所以，不必再想着见美人了，就让她永远以莲花、百合、栀子、水仙的形象留在你的记忆中，让你永远怀念永远回味吧。

2010 年 9 月 1 日

家　乡

我是越来越少回家了，虽然我所生活的城市与家乡相距不到一百公里，但我一年到头也很少回去。如果不是因为父母在，也许我一辈子都不会再回那个叫“东升”的农场，而这，并不是因为我对那个地方没有了情感……

我是太忙了——忙着工作与生活，这成了我不愿多回家的借口。但还有两方面的缘由使我不愿回家。一是坐车麻烦，从住所要坐公车或打摩的到汽车客运站，再从车站坐班车到L城；在L城下车后要打车到另一个站坐班车，下了班车后还要再打摩的才能到家门口。如此舟车劳顿，使我视回家为畏途。另一方面就是家里的居住条件太差。多少年过去了，父母仍住在我出生时住的破房子里。那是毛泽东时代留下的泥砖房，已经在风雨中矗立了半个多世纪，早已进入了老年，但父母和邻居们仍住在那里，还不知要住多久。那一排房子原来的六户人家在二十多年间只有两户先后搬离，到外面盖了楼房。而父母和其余邻居们的生活仍将在老地方继续，他们中的某些人（也许包括我父母）无疑还会在那里老死……

虽然这些年家里的住房有所扩建和改善，但不过是在旧屋的基础上缝缝补补，没有实质性的改变。自从到外地读书、工作，接触到城市的文明以后，我就很难再适应家里那种过于粗陋的住房条件了。每次回家，我要睡母亲或哥哥的床，因为家里没有多余的房间，我没有独立的卧室。母亲是和父亲共居一室的，他们一人一张床。我回去，母亲就去和父亲睡，给我腾出床来。那房间不小，但因摆了两张老式的架床和三个柜子，就显得拥挤了。那两个一套的棕色柜子很多年了，样式土得掉牙；另一个矮一截的柜子年纪更大，大概我还没出生它就已经存在，反正我有记忆起，它就已经是我父母家庭生活中的一部分了。时光匆匆，带走了许多东西，但那柜子还在那里，虽被时光剥落了油漆，却依然稳稳地端坐在时间的河流中。它见证了一个普通家庭的发展。此外，这个房间的角落里还挂着衣服、摆放着缸、吊着篮子和堆放着杂物。

哥哥的卧室也是客厅，除了摆放床、衣柜以外，还摆了一套十年前买的红木家具，这套家具已多处被虫蛀了。这个约十五平方米的小房间的地板十多年前镶上了瓷砖——那时哥哥在谈女朋友，准备成家立室——墙也是那时被粉刷过一遍。但“高举毛泽东思想伟大红旗奋勇前进”的字样在石灰下仍然依稀可见。记得我曾在一篇旧文里把这个房间比喻成一个“涂脂抹粉的衰老的女人”，“尽管浓妆艳抹也掩饰不了她的衰老”，但就是这样的一个“女人”，父母也依然珍爱备至，这不能不让我感到心酸。

睡在这个房间，夜里上厕所比较麻烦，要横过上下两排屋之间的过道，开厨房的门，穿过厨房，再穿过父母的卧室，再穿过一个小小的庭院，然后才能进入茅厕。卧房到厕所之间，从上到下，高高低低，有十多米之遥。母亲叫我拿个便壶放在房间，但我不喜欢，我不喜欢清晨提便壶倒尿的感觉。厕所也是非常原始的，就设在鸡屋隔壁一间低矮的小屋里，小屋的角落放着一口装水冲厕的缸、一个尿桶、一个装厕纸的旧桶，墙边还摆放了锄头、铲子之类的农具。屋里空气不好，早晚蚊子还很多，如厕时间稍久，屁股很快就会隆起大大小小的包。被乡间的蚊子咬过的地方很久都会又痒又痛。每次用厕之前我都要先烧蚊香，父亲以为用扇子赶赶就可以了，而我深知一把扇子难以抵挡蚊子大军疯狂的进攻。小屋的墙上开了一口窗，很低，正对着蹲厕的地方，所以，如果窗外有人，很容易“春光尽泄”。窗外是一个园子，最早，那地方是一口池塘，塘边是一片蕉林，塘水青绿、油腻。孩子们曾用砍掉的蕉树做成筏子泛舟塘上。但那已是陈年旧事。后来，池水干涸，露出了干裂的厚厚的泥。没水的池塘很快就长出了高高茂密的青草，草到秋冬会干枯，到了春夏又是一片欣欣向荣的景象。池塘这样荒废了好几年，有一天就被邻近的乡亲包下来种了荷花，荷花后来换成了芒果，芒果后来又换成了龙眼……园中还开辟了菜地……十几二十年间，园子几易主人。如今，园主是一位孤独的老妇人。妇人很多年前死了丈夫，膝下无儿女。这么多年她一直孤独地生活着。她丈夫前妻的儿孙大概逢年过节会来看望一下她吧。在她丈夫还活着的时候，倒是有一个漂亮的小孙女和他们一起过活，但孙女长大以后就离开了他们，为自己的生活和命运奔波去了。老妇人的脾气不大好，记得从前，我还是个小孩的时候，有一次，她孙女偷吃了家里的一点花生——据说是用来做种子的——妇人就站在家门口破口大骂，音量之大足以传到方圆几十米外。女孩吓得跑到我家这边不敢回去，许久她都胆战心惊。如今，妇人再想找个可以被她骂或陪她说话的人也找不到了吧？于是她就只能和自己说。我不止一次在“做日常功课”的时候听见她在园中或家门口自言自语，说着一些非常奇怪又难以听清的话。

每逢妇人在园中种地或摘菜，我就不敢上厕所；又或者在“做工”的时候突然感觉她出现，就会匆匆拉上裤子离开。为此，我颇感烦恼。

由于家里的居住条件过于糟糕，致使我不愿多回家，即使回了家也不愿多逗留（虽然我极愿意久留以感受乡村的气息），春节顶多待三四天，平时是过一个晚上就逃之夭夭。

父母是再没能力脱贫为自己盖房子了，如今他们已丧失了劳动挣钱的能力，只靠领一点微薄的退休金度日，至于不多的积蓄，这些年也给他们的不肖子——我的哥哥——荡尽。

我曾想过出点钱帮家里盖层楼好安顿父母的晚年，想起他们辛苦了一辈子还要住在破房子里，就心酸得要掉眼泪。但我的能力却如此有限，领着不高的薪水过活，几年的积蓄即使全部拿出也不够起幢小小的两层楼，况且我还有着私心，不愿全部拿出，因为我觉得还有比让父母住进楼房更重要的事，所以我不能不为自己将来的持续发展着想。姐姐说到时她也集资，但姐姐的能力无疑也是有限的，因为她没有工作，靠姐夫养，而姐夫不是那种过分慷慨的人。姐姐的大女儿阿珊说到时她也出一点，但她工作的时间不长，薪水也低，不可能出很多。哥哥是指望不了的，参加工作十多年，他在事业上一无所成，更糟的是，他还堕落成了一个不折不扣的赌徒。如今的他，只沉迷在搓麻将和买私彩中，年近四十还没成家。曾经，我憎恨无用的哥哥，恨他不但不能帮到家里，反而在某种程度上成为父母经济上的负担。如今，我的内心已与他和解，哥哥的失败、潦倒、堕落固然与他自身的不争气有关，但也是社会环境影响所致。从哥哥的身上，我看到了个人在社会、在命运中的渺小与无力。

邻居们也是没钱盖房。彭叔在场部机关奉职多年，现已退休，他的妻子早出晚归经营一间杂货店已二十年，但他们至今没钱起楼。我原以为他们家的那个小店可以赚一些钱的。他们曾经开过车的大儿子现在家待业，小儿子由于长期的自闭、抑郁而在好几年前患上了程度不轻的精神病，当然也只能处于待业的状态。德哥夫妇开过米店、养过鱼塘，儿子、儿媳在外打工多年，但他们也至今没钱起楼。一次，闲聊的时候，须发已经花白的德哥说："我早说了，我们大伙一起合力把房子推倒，就说房子是自己崩塌的，场部就一定会拨钱给我们盖过。”77岁的吴姨听了这话之后不以为然地说：“渣都不会给你！”老太太的话似乎有着更深刻的对世情的洞察。

吴姨是不可能再起楼了，又或者是她不再需要。她的老伴十多年前去世，用她自己的话说是“打台湾去了”。她的四个儿女都在外面，逢年过节，她就与儿女们相聚，平时，她一个人生活，或与来场部读书寄居于她家的孙子孙女们生活。吴姨不知带大了多少孙子孙女，带大了大儿子的儿女，就带二儿子的儿女；带大了二儿子的儿女，又带三儿子的儿女。带完了儿子们的儿女，就带孙子们的儿女……她这一生，似乎是在抚养儿孙的过程中度过的，而她一生最大的使命和意义似乎也是体现在对后代的抚养之上。

吴姨是一年年地见老了。十年前，她还精神矍铄，喜欢用滑稽的动作、音调模仿别人的言语和举动以逗人发笑，还时常凑到我母亲耳边窃窃私语一些让人脸红的关于男女间的那事，声音故意压低以制造出神秘，但其实又明显地乐意想让旁人听见……如今，她已没了谈论男欢女爱之事的兴致，表演的天才也在逐年递减。她更加干瘦了，从我开始记事起，她就是个干瘦的妇人，如今，她是真正的瘦骨伶仃了。她的头发一向是黑油油的，这几年却开始出现了干枯的质地，并且还出现了白发。她已敏锐地感觉到自己在这世上时日不多，不再忌讳谈到“死”字，只是提到那个字眼或“那一天”的时候，语调和神情总透着一股凄凉和感伤的味道。这时，她是那样虚弱，让人难以记起她曾经是一个多么泼辣、有时说话甚至是刻薄的女人。衰老和对死亡的感知赋予了她的面容一种前所未有的温和慈祥。

三哥家的境况也许连我家的还不如。三哥已过四十，上有老母，下有幼女，一家老小靠他挣的不多的钱度日。年轻的时候，三哥到外面打过工，大概在外谋生不易，很快他就回家来了。回来后，他先后在场部的车队当过修理工、在一家私人木工厂干过活、卖过海鲜……但没有一样工作能长久的，大概都不好做吧。如今他在小学当门卫。“要不怎么办呢？做什么好呢？”上次回家探亲走的时候，他送我出去坐车时如是对我说。

我想起三哥年轻时候的一些事。那已是多么遥远的往昔！那时三哥多么年轻！由于年轻，他乐观而且开朗，总是随时随地地爆发出笑声，听那笑声，你会以为他的心中只有欢乐，不会有任何忧愁。三哥曾有过一些很优雅的爱好，比如，伺花弄草。我忘不了他种过的一些花，他曾在自家门前种过许多月季、九点红、茉莉、海棠……花开得甚是美丽，引起过我年幼的心多次的惊叹！他家里还有过那种高高的线条和造型都非常流畅雅致的铁架子，是专门用来放花盆的，而放在架子上的花盆里的花总是吊兰，吊兰的花盅从盆里垂挂下来，样子煞是好看。此外，三哥还非常喜欢音乐，他听的是流行歌曲。那时，他最常播放的是邓丽君的歌。我是从那时开始认识邓丽君的。他也听有故事情节连说带唱的小品。由于同一个故事他会经常反复地播放，以致我也记住了其中的一些情节。我对其中一个关于三角恋的爱情故事印象深刻，那故事讲的是一个男生上大学以后与班里一个热情奔放的女同学坠入了爱河，却把之前的恋人给忘了，及至前女友找来，他才意识到自己已陷入了两难的困境。结局如何我忘了，但我记住了男主人公表达内心痛苦交战的歌唱："罗兰，罗兰……"一声一声，揪人肺腑。我还记住了女主人公的名字，一个叫"罗兰"，一个叫"白莎莎"。三哥也听一些粗俗搞笑的小品和相声，听到滑稽处，他就在屋里开心地哈哈大笑，声震屋宇，那爽朗的笑声极富感染力，让听见的人也不由得会和他一起笑。

然而，不知从什么时候，大概从三哥要为生活奔忙起，那些花就悄悄地从三哥家的门前和屋里消失了，流行歌曲的声音也听不见了……就连三哥当年爽朗的大笑，如今也鲜能听闻。当然，那样的笑声也并非完全销声匿迹，偶尔，当三哥扎堆到人群中的时候，当他和人们交谈的时候，他也会突然间爆发出开心的大笑，听着那样的笑声，你会明白，不管生活如何艰难困苦，都不能完全地泯灭一个乐观之人的天性。

三哥的母亲涂姨已年届八十，是我们这排房子几户人家中年纪最大的老人。80 岁的人，却比我以往见过的一些九十多岁的老人还要显得衰老。如果说十多年前，涂姨的身体还只是弯成一张弓的样子的话，那么如今她的整个瘦小身躯已弯曲、收缩、干瘪得如同一只虾米了。当她站立的时候，她的屁股朝天，脸朝地面，上半身与腿几乎折叠在一起，即使拄着拐杖，她也已经艰于行走了。这个守了一辈子寡的妇人，就快走到了她人生的尽头。她再也不可能像从前那样挑水淋菜、洗衣做饭、养鸡喂鸭，再也不可能带孙子到理发店剃头，却用剪刀亲自给孙女剃头，也不可能还有力气和儿媳妇吵架或大声叱责孙子孙女了……然而她依然要挣扎着……就在不多久以前，大概是今年春节吧，我站在家门口，看见涂姨正弓着背艰难地往外走，手里拿着一个装鸡食的盆。我就问道："涂姨，您今年多大岁数了？"她就停住，脸抬起朝向我，说："80 了。"顿了一会儿，她又补充道："佬妹啊，不做还是没得吃啊！"她的充满感伤的语气里，似乎有着对自己一生的总结。

尽管贫穷，但并不能影响邻居们繁衍后代。邻居们生养了他们的儿女，他们的儿女生养了自己的儿女，他们儿女们的儿女又生养着自己的儿女……一个接一个，一代接一代，生生不息，层出不穷。我在这里目睹过很多小孩的出生和成长。这些小孩的命运是怎样的呢？他们在父母或爷爷奶奶或外公外婆的呵护与叱责之下成长，他们的童年没有玩具、没有零食、没有带插图的书籍……他们不用进学习辅导班，不会去学音乐、舞蹈或美术，他们大都不爱读书，他们的智力也都正常，有些孩子甚至很聪明，但可惜没有良师益友去开启他们的心智……他们很小就开始帮家里干家务活……他们整个的童年生活有点单调乏味，虽没太多的痛苦，但也没有很多的快乐。不管怎样，他们的童年会很快结束。一进入少年时期，他们会逐渐地进入一种连他们自己也不明白的由于懵懂、迷惘而产生的无聊和痛苦的状态。他们中的多数很快就会结束读书生涯，小学或初中未毕业就走上了打工之路。我忘不了三哥与他前妻所生的那个最小的男孩脸上的表情，不过十四五岁的少年，脸上就已完全没有了笑容，而他小时候曾经多么爱笑！我还记得他小时候的样子：大大黑黑的眼睛，秀气的小小面庞。曾几何时，那双眼睛里的灵气消失了，那面容的可爱失踪了，那笑容的甜美也隐匿不见了……这个很小就开始帮家里挑水淋菜、劈柴喂鸡，早早就踏上打工之路的少年并不快乐，从他已经消瘦、变黑的面庞上僵硬的表情看得出来。他一定不再记得，他曾经喂养过一只鸟，他曾经因为那只鸟能听懂他的话而多么快乐！

每次回乡探亲，每次从下车的地方坐上摩托奔驰在那条穿过那个叫作“东升农场”的场部的公路上，我的心里总是充满了复杂难言的感受。虽然短短几分钟的路程未能让我充分、深入地去体味那万千的思绪，但道路两旁匆匆掠过的风景却勾起了我对许多往事的回忆。

那条路，我一定走过不止千百次吧！从孩提时起，步行、骑车、坐车，来回往返……那条路，许多年前，还不是现在这个样子……我记得它从前的样子，那时，它还是一条原始的泥路，只要有车飞过，路面上空就会扬起漫天的灰尘，久久不肯散去，扑得行人满身满头满脸都是尘土。那时，道路两旁还种着美丽的紫荆花树，只是后来，那些树被逐渐砍光了。那些树被砍的时候，我年少的心曾在一段很长的时间里充满悲伤。场部的幼儿园、小学、中学都在这条路的同一边，且紧挨着。当年的幼儿园曾经很热闹，有很多小朋友，白玉兰、茉莉、大丽等花卉在园中竞相开放。可如今，玉兰树被砍了，茉莉消失了，大丽不再开花，每次我搭摩托经过，也再看不见小朋友在园中嬉戏的身影。幼儿园围墙到公路之间的那点空地已被附近的居民见缝插针地种上了菜，只在园门前留下一块宽约一米的空地以便出入而已。小学操场边上的台湾相思树不知何时被砍光，已被低矮难看的围墙取而代之了。我真怀念那个操场没有围墙只有美丽相思树的母校。中学同样也被墙围了起来，校门两边高高坡地上的马尾松树林不知哪一年被夷为平地，建起了楼房……这些变化让我心里充满了因时过境迁而生的感慨。故乡是在发展之中的，虽然这发展极为缓慢。然而我不知道，这发展是使故乡强盛了，还是显出了它日益的衰败？的确，这几年，有一些人建起了楼房，但更多的乡亲还是继续住在老房子里。即使盖了楼房的人，也不见得多么富有，也许他们是穷毕生积蓄建了一个栖身之所，建之前他们要省吃俭用；建之后，他们也许更要省吃俭用。这或许就是为何我见到那些新楼群内心里并无欣喜，只有苍凉之感的缘故。

那条路从农场入口处一直高高低低、蜿蜒起伏地穿过场部的中心地带向更远的地方奔去。在场部工人文化宫旁，它分出一条岔路，这条岔路从我家屋后经过，向田野、村庄、树林挺进……路旁，有乡亲们的田地、菜园和垃圾池。我喜欢在清晨或黄昏时分沿着这条铺上了水泥的乡间小路漫步，欣赏田野之上、树林之后旭日东升或夕阳西下的美景。正是这些乡村的自然景观，使这块荒凉的土地有了值得让人留恋的地方。

回乡探亲离去的时候，我经常坐那个叫“四哥”的男人的摩托出去搭车。四哥是个四十多岁的中年男子，当他还是个小伙子的时候，他就已干上了搭客这一行。大概没有更好的出路，所以他也就只能安分守己地干着这份他也许不大喜欢的行当以挣点钱贴补家用。于是，在那条路来来去去的过程中，他从青年走向了中年，模样在不知不觉间改变着……四哥很快就会把我送到等车的地方，因为路程毕竟不长。几分钟后，也许我就会坐车离去。匆匆的行程，我是来不及充分感受和回味家乡的人和事的，但我知道，在心的深处，我对这块养育过我的土地有着多么深挚和浓烈的情感，这份情感并未因时空的距离而消减……

2011 年 7 月 7 日

怀念干妈

干妈数月前去世了。在电话里获悉这一噩耗时，她已经走了好些天，我最终没能看到她最后的遗容。

春节回家过年，我顺路去了一趟干妈家——她以前的家，如今只有她的儿子和儿媳妇住在那儿——确切地说，是她的养子和养子媳妇，我称呼他们为七哥和凤姐。

七哥和凤姐在他们家楼下的市场经营一个水果档，每次到访，我都先去档口找他们，那天也是。我买了只阉鸡朝档口的方向走，老远就看见凤姐忙碌的身影，春节期间，生意比较红火。我把鸡送到凤姐手里，再把几年前因读书借的钱还了她，然后就告辞了。虽然凤姐一再挽留，要我上去坐坐吃了饭再走，但考虑到她忙不过来就不去叨扰了。何况，干妈已经不在，她老人家再也不会颠着小脚从卧房出来迎我，那所空荡荡的房子于我还有什么可留恋的呢？

干妈享年八十九岁，以年龄论，她足可以当我奶奶。在我还很小尚未念书以前，干妈就已经很老了，那时她已年过花甲，牙齿悉数尽脱，人称“无牙奶”。在我家那块小地方，只要听人论及“无牙伯”“无牙奶”，必是谈论我干爹干妈无疑。

干妈总是瘦瘦小小的，背微驼，总穿一身灰黑色的老式衣服，因为没有牙齿的缘故，嘴有点凹进去，一张秀气的小脸布满皱纹，像一朵晒干的菊花，两只深陷的眼睛炯炯有神，闪烁着慈祥的光辉。她没有生育孩子，只是从夫家家族中过继了一个男孩，也就是七哥。

因为干妈的缘故，换牙阶段的我落了个“雅号”：无牙婆。邻居家那些稍大的孩子时不时这么喊上一声以戏弄我，我常为此哭笑不得又无可奈何。

小时候，干妈家就在我家附近，相距不过两百米，走捷径就两三分钟的路程，不过中间要下一个陡坡。由于那里长满了野草和树木，那段路就显得阴暗潮湿而且危险。站在陡坡上往下看，干妈家仿佛处于深渊之下又好似藏于地洞之中。走下陡坡就来到了干妈家的“后院”，由于树木遮天蔽日，后院总是很阴凉的，那里种了一棵高大的石榴树，每到果子成熟时，干妈就会挎着满满一竹篮的石榴来我家中。

后来由于修建房子，那条捷径被堵住了，去干妈家就得绕一个很大的弯，须从很多人家的门前经过，再后来，干妈家又迁到了一个离我家更远一点的地方。

逢年过节，干妈总会提着好吃的东西到我家，这几乎成为一种惯例。小时候的我总是很欢喜干妈的到来，因为那意味着有水果、糕点或者鸡腿什么的在迎接我。干妈到我家总是搁下东西就匆匆告辞，很少留下来喝杯茶或吃顿饭什么的，即使盛情之下坐下来了，耽搁的时间也不会超过一盏茶的工夫。印象中，她只在我家用过一顿饭，似乎这个世上除了她家，任何别的地方都不会给她安宁之感。

最初，我喊干妈为“契妈”，这个称呼令人别扭，无论是对于呼者还是被呼者。后来有一次，我陪干妈在路上走的时候，她突然对我说：“以后别叫我‘契妈’了，那很难听，叫我‘阿奶’吧。”此后，我就亲切地呼她“阿奶”直至她离开人世。

高中毕业那年暑假，干爹去世，我和母亲闻讯赶至干妈身边。干妈显然已哭了很长一段时间，双眼红红的。想着干妈从此孤独一人走下去，迎接她的将是广漠无声的世界，我不禁悲从中来，紧紧地握着干妈的手，一句话都说不出，然而泪流不止。

办完干爹的丧事不久，干妈就随养子到县城去了，悲痛已使她丧失了独立生活的能力和勇气。有七哥他们照顾，我放心了许多，心中却暗暗许愿：干妈，您要等着我，我将好好孝敬您。

然而，在往后的八年，我竟没去看过干妈一次！在那段漫长的岁月，我念完了本科，在一所乡镇中学工作了几年。由于其间身心遭受爱情的创痛，由于生活和工作都极不如意，这些个人的悲喜将我完全淹没，外界自然被置于记忆之外。一个人失意的时候，他遗忘了世界，同时也希望世界遗忘他。

我走出生命黑色的阴影是在干妈去世的前三年。那时，我通过了硕士研究生统考，被一所高校录取，正为巨额学费发愁。为了读书，我四处借贷。一筹莫展之时，母亲说：“我和你去看看你干妈吧，看看能否从他们那里借到一点。”我极惭愧，八年来，我一次都没去看过她老人家，却在陷入困境的时候想到她。但我还是去了，即使不为借钱，也为了去看看干妈，毕竟我们已多年不见，干妈已处于八十六岁的高龄。

见了我，干妈自然是欢喜的。一开始她并不认得我是谁，凤姐跟她解说她才明了。她明显比以前瘦了，听力也大不如前，但还可以自如走动。

半年后我又见了她一次，她精神尚好，可以行动，但生命开始衰竭。又过了两年，我再次到她家中，她已经中风瘫痪，躺在床上不能动弹，有如一截枯木了。她的房间散发着浓重的尿骚味，非常难闻。凤姐把她从床上扶起，在她耳边大声嚷嚷：五妹来看你了。干妈于是从昏睡中惊醒，虚弱地睁开眼睛望了我一眼，吃力地吐出一两句模糊不清的话。她浑浊的眼睛已失去生气和神采。凤姐把她抱起然后重重地放——几乎是摔——在椅子上，干妈于是就那么僵直地一动不动地歪在椅子上，头无力地低垂，她的脖颈已经无力支撑昏沉的头颅了。我异常难过地感觉到生命正从干妈的体内迅速流失。

从干妈床铺和衣物散发出来的浓重尿骚味，从凤姐的态度等可以看出，干妈没能得到很好甚至没有得到最基本的照料，卧病在床的她无疑已成为七哥和凤姐沉重的负担和累赘，他们内心深处也许都巴望着干妈早点咽气，好让他们尽快从负累中解脱。而我并不能因此就责备他们，他们同样是不幸而可怜的：为生活疲于奔命，为生活忍受各种煎熬。因此，他们无暇顾及一具已经枯朽的生命也情有可原，虽然他们的自私是罪恶的。七哥和凤姐都是很好的人，这我清楚，不幸的是，他们都已成了生活的奴隶。凤姐年轻的时候是个美人，然而生活的艰辛把她的容貌摧毁了，现在她已过分发胖，却不够健康，一双眼睛总仿佛充血似的红着；七哥也老了，身体也败坏了，一只眼睛不断地眨，脸部有块肌肉时不时抽搐一下……这些在卑微的淤泥中挣扎的人啊！至于干妈晚景的凄凉呢，已成为人不可避免的宿命——所有卑微的人不可避免的宿命。

最后一次见干妈是硕士毕业那年的暑假，距上一次见面不过半年，我惊诧于一个生命衰朽的进程如此迅速。此时的干妈已是真正的活死人，身体僵硬弯曲如一只虾米，双眼不能睁开，嘴里吐不出一个字，花白的头发已被凌乱地剪得很短——也许是因为长虱子的缘故。她只剩下最后一丝气息了，我心里充满了难言的滋味，这就是一个人生命的终点！

我曾经许下心愿：工作以后要好好孝敬干妈。然而在她的有生之年，我竟没有给她买过她喜欢吃的任何一点东西！我的心愿将永不可能兑现了。

八十九岁，多么漫长的一生！这该是一部多么丰富、多么厚实的书，然而有几人知晓、几人翻阅？书里写的是什么呢？

也许叙述了一个中国传统女人一生的平凡和伟大、卑微与高贵。而我对此几乎一无所知，我只目睹过书的扉页，却还来不及翻阅……

干妈走了，却把永远的愧疚与遗憾留给了我。

2007 年 2 月 25 日

在泥土里呼吸的人们

这仿佛是一个永远也不会改变的小村庄，二十年前是这样，二十年后依然如故。稻田是从前的稻田，小路是从前的小路；山还是那样的山，水还是那样的水；还刮着同样的风，下着同样的雨，泥土和野草还散发着旧时的芳香。这里的人们依旧穿着二十年前的衣服，依旧说着二十年前说过的话，依旧带着二十年前的表情。他们像他们的祖祖辈辈那样，在这里生儿育女、耕田种地，在这里欢笑、悲伤和哭泣，也同样在这里衰老和死亡。一切都没有什么不同。

唯一的改变是，昔日的断井残垣之间出现了几幢楼房，那是乡亲们穷一生的积蓄甚至是靠借贷才打造成的“别墅”。这些“别墅”和破旧的老房并肩而立、相映成趣。

我的外婆没能赶上住进新楼。从嫁进这个村子到她死去的几十年岁月里，她都是住在那幢旧式的老房子里。是那种中间有一个很大天井的房子。外婆的房子光线昏暗，除了天井那块地方，其他房间的光线都不好，即使是白天。房间悬挂的又是黑色的粗麻蚊帐，结果白天也成了黑夜。那样的黑夜透着一股略带潮湿的阴凉。地板是最原始的泥地，黑色的泥土坦露无遗，被踩得结实坚硬，然而一到雨天，地板就显得肮脏滑腻，让人很不舒服。更要命的是，鸡鸭在屋里屋外横行，随处制造着“地雷”。小时候的我回外婆家一遇上这样的情形，就感到无处容身，甚至无地立锥。

而我的外婆就是在这样的环境里生活了一辈子，走完了她的一生。她就是在这样的环境里生养了她的五个儿女，她的儿子们也在此生养了他们自己的儿女。

我的外婆把一生都献给了她的家庭和生活着的那块土地。她没日没夜地操劳，从不停歇。每天天未亮，她就从床上爬起来生火烧饭，天刚蒙蒙亮，她就下田务农，一直忙到日落西山。她在山坡上辟了一块菜地，每天下午，她都要从很远的地方挑水来灌溉它们。烈日下，她挥汗如雨，孤独的身影在荒凉的山头站着站着就变成了一张黑色单薄的剪影，而身后是连绵起伏的群山。她的一生匍匐在这块贫瘠的土地上，几十年的汗水在这里汇流成河，但却无法为她浇灌出丰硕的果实，就如同她一辈子为家里操劳，却无法为家庭积累财富一样。

她唯一的财富就是那头猪。我对那头猪印象深刻，因为它使我知道：原来不是所有的猪都是肥胖的，也有瘦骨嶙峋的猪。外婆的猪就瘦得只剩下皮包骨，骨头清晰得历历可数，脸因为瘦和营养不良而显得凶狠丑陋。那头可怜的猪每时每刻都处于饥饿的状态，只要一听见外婆的脚步声，它就会发出激动的吼声。而它的食物却永远只能是一些浑浊的水和一些菜叶。

外婆从来不笑，哪怕只是轻微的一咧嘴都没有。她的脸仿佛总被一层似烟似雾若有若无的哀愁所笼罩。她也很少说话，无论是对我还是对别人。我甚至记不起她曾经和我说过些什么，我又曾经对她说过些什么，是的，一句都记不起了。我们从来都没有交谈过，而她也似乎忘记了我的存在。她对我唯一的关爱就是每天清晨烧饭的时候都不忘往锅里扔几根红薯，或把红薯扔进灶膛，还有就是晚餐前给我炒几根萝卜干。外婆家饭桌上的菜总是少得可怜，难得吃一次肉，多数是一盘滚水里烫过捞起来撒点盐的青菜，还有一盘就是自家腌制的咸菜。每天黄昏，外婆一家人就围坐在桌前，在浓浓的暮色里沉默地吃着那两碟菜。而我的佳肴，则是那几根有油的、炒得很香的萝卜。

外婆除了要为家务、农活操劳外，还要为外公操心。外公最大的嗜好就是喝酒，其次就是打牌。只要他不用下田干活，不到田沟里捉泥鳅，不到溪里捕鱼，他就会走很远的路到镇上去。他走出村口，走上田埂，走上大路，然后就消失在外婆的视线之外了。他到镇上去找人喝酒、吃菜，或者一人独酌，经常喝得醉醺醺，有时甚至醉得人事不省。有好几次他喝醉了，东摇西摆地往家里走的途中，不慎掉进了路边的田沟里，有一次掉进了小溪里，差点没被淹死。所以，外婆的担心可想而知。只要外公一走出村口，一走出她的视线，外婆的忧虑马上就如潮水涌起，淹没了她的心。如果外公太长时间不回，她就再也坐不住，立马踏上寻夫的道路。无数次，她走出村口，走上田埂，走上大路，沿着外公的足迹一路寻去，一路寻还一路留心田沟和小溪。到了镇上，逢人就问：见到×××了吗？知情的人也许就会笑着告诉她：你男人在那里耍功夫了。外婆于是含着屈辱找到了醉得手舞足蹈的丈夫，然后连拖带拽地把他拉回家。

这样的情形不知发生了多少次。而我的外婆是从何时起开始她的寻夫史的呢？也许在很年轻的时候就已经开始了。年轻的外婆在寻夫的路上，在那条坎坷不平的田埂上忧心忡忡地走着，走着走着，一头乌发就变成了满头银霜，如花的笑靥也在瞬间凝固成了坚冰。

外婆一天的辛劳要在晚上掌灯以后才能结束。吃过晚饭，天色已经黑沉沉地压了下来。油灯点上了，但在昏暗的房间里能做什么呢？只能聊天，可累了一天的人们还有多少谈兴？寡言少语的外婆早早就上了床，只有在床上她才能停下忙了一天的手脚，才能放下悬了一天的心。她希望夜更长、睡更香。

外婆的身体一天天地垮了，为了让她休养并调理身子，母亲时常把她接来家中小住，还给她买营养品。可外婆每次喝那种带有浓重腥味的白色鱼肝油时都会呕吐得厉害。她想强迫自己喝下去，想忍住那种恶心感，可一吞下去马上就翻肠倒胃地吐了出来。

外婆的死讯传来的时候正逢我读初二那年的暑假，炎热的夏天。当时，我的眼泪仿佛已从汗腺里蒸发掉了，一滴都没有从眼睛里流出来。多年以后，慢慢地回想起外婆，想起她的一生，积蓄多年的眼泪才慢慢地从心底涌出。

外婆死后，外公仿佛一夜之间苍老了许多。而他也从此获得了空前的自由。没有妻子的监视和管束，他的酗酒更加厉害，更加有恃无恐。也许他需要用酒精来驱赶那越来越浓、越来越凄清的孤寂。

外公在八十岁那一年去世，据母亲后来回忆说，他死前还在镇上和别人玩着纸牌，玩着玩着就一头栽倒在地，送去医院却得不到及时的抢救，终于与世长辞。

外公外婆的一生养育了三个儿子、两个女儿。除我母亲外，其余四个孩子都留在了那块他们土生土长的地方。

我的大舅，外公的大儿子，是个老实本分的庄稼人，他有着外公一样英俊的面容、硬朗的身体。他的一生都在经营着那几亩薄田，没出过方圆三十里以外的地方。他有两个儿子一个女儿，大儿子高中毕业，却懦弱无能，也留在了家里务农；二儿子却成了当地著名的小混混，终日偷鸡摸狗、打家劫舍；小女儿是他唯一的安慰，却在十二岁那年夭折了。

我的二舅，寡言少语，他的青年时代主要以打猎为生。他漫长而灰暗的青年时期终年漂泊在外，与他长相厮守的是一辆破旧的自行车和一条忠实的母狗。他主要是捕捉野鸟，那种叫作鹌鹑的野鸟，然后把它们拿到酒店去换钱。如果运气好的话，一天下来能捉到好几只；如果运气不佳，辛劳了一天却可能空手而回。他每天都风尘仆仆，风里来雨里去。那条母狗和主人一样精瘦，面容却很清秀，双眸闪烁着温柔、谦卑和忠实得令人感动的目光。她把一生献给了主人，和主人在风雨里穿梭、在野地里奔驰，她的使命就是帮助主人发现、寻找和捕捉野鸟。一俟猎物出现，她就会尽最大的努力去俘获。她在风尘里跑了一天、搜寻了一天，腹内空空、饥肠辘辘，但她决不会咬猎物一口，而是把完好无缺的猎物叼还、奉送给主人。这样奔波了很多年，有一天，她突然再也走不动了，无论怎样努力、挣扎，都无法站立起来。她于是虚弱地睁开眼睛，抱歉而哀伤地望着主人，然后慢慢地合上了双眼……

二舅的狩猎生涯仍持续了很多年。后来，可猎的鸟越来越少，生计难以为继，他不得不转向捕蛇和捕捉青蛙。

三舅仅比我大六岁，和姐姐同龄，是一个非常淳朴、非常英俊的小伙子，可惜书读得不多。他还是个十多岁的少年的时候，有一次在路上骑自行车不小心碾死了一只小鸡，他拎着小鸡的尸体四处打听主人的住所，然后赔偿了别人。这样的小伙子可惜没有机会好好读书。十七岁那年，他为了掌握一门谋生的技艺而向我父亲学修自行车。学成归去之后他也开了间小小的修理铺，但他总嫌那活计又脏又累又不体面。十八岁那年，经人介绍认识了当地的一个姑娘，那女人长得很丑，又瘦又小，但英俊高大的三舅却鬼迷心窍地恋上了她，很快就与之结婚生子。不久又传来他替人窝赃而锒铛入狱的消息。他被判入狱三年，在狱中受尽折磨、吃尽苦头。出狱后，他曾经一度重操旧业修理自行车，后来又放弃了。他也曾想到外面打几年工，但最后还是回到了那个被群山包围着的小镇和小村庄，以开摩托搭客为生。

还有我的小姨，也同样摆脱不了在泥土里呼吸的命运。她出嫁那一天的号啕大哭仿佛就已经预示了她婚后的坎坷。其实，她那时的哭并不是因为伤心，也不是因为不想嫁，而是因为那是风俗。可她假戏真做哭成了个泪人儿，哭得天昏地暗、肝肠寸断、地惨云愁，好像有人逼婚似的。她的夫家很穷，公公终日流着口水，婆婆的腰弯成虾米。小姨头几个生的都是女儿，一家子开始慌了，小姨更慌。于是他们四处烧香拜佛、求医问药。后来好不容易生了个男孩，但未足月就夭折了，小姨这回才是真的伤心欲绝地痛哭。以后又生了好几胎，才生到了儿子，小姨也终于松了口气。

舅舅阿姨们的孩子都慢慢长大了，可他们都没怎么念书，因为家里穷，因为读不好，他们都早早辍学了，辍学之后的他们都到城里打工，他们要赚钱报答父母，要赚钱给家里建楼。他们会在城里待到再也不能待下去的时候，或者待到男婚女嫁的年龄，然后回来完婚，然后就再也不走了，像他们的祖辈、父辈那样，在这块土地上安居下来，呼吸着这里泥土和青草的芳香。

2005 年 12 月 2 日

S 君的告别

午休的时候，S 君打电话过来，问我晚上有没空一起吃顿饭聊一聊，他说他就要回黑龙江老家去了，这也许是最后一次见面。

傍晚六点左右，他过来了。一见面我就问他：

“为什么回老家去？为什么不上广州那些地方找工作？你以前不是说要留在一线城市的吗？”

他勉强挤出一丝笑容：

“在大城市生活太难了，一辈子当房奴。”

这样的回答有点出乎意料。他怎么这么快就开始为房子的事情操心了呢？两三年前，当他还是在校生的时候，他曾不无清高和自许地说自己是一个“波希米亚人”，说他接受现代大都市青年人的观念，租房住，不当房奴。我不知道是什么使这个以“波希米亚人”身份自傲的小伙子这么快就改变了观念，转而开始向往舒适安逸的生活。

“那又为什么不留在 Z 城而要回老家？”我再问。今年夏天他结束大五的学习生涯拿到毕业证后，没有马上离开此地反而选择留下，我曾对此不解：他不是非常向往大城市的吗？曾经表示非上海、广州、深圳一类经济发达城市不去的，他认为留在二三线城市工作是没有出息的表现，他认为像他那样有才干、有抱负的年轻人如果留在小城过安逸的生活，结局肯定是被毁……他曾经如此不屑于留在 Z 城这样的地方，但最后他选择了留下，而且渴望能在这里有一份工作。可是没多久，他又宣布要离去，要打道回老家，也许是回到一个更小的城市……为什么？

“都是因为工作不稳定，没有固定的收入。”他说。

一个月前，他来取他寄放在我这里的东西时告诉我，他目前在一个辅导班教小孩子画画，收入不稳。他还告诉我他选择留在 Z 城是因为在这里找了一个女朋友，是很认真想在一起的那种。也许是因为爱情的缘故，他说到收入不稳时脸上依然荡漾着发自内心的微笑，对未来依然有着信心和憧憬。可现在他却要离去，连女朋友也留不住他的心了吗？是因为经济的缘故影响了情感的良性发展？还是因为情感的波动使他无力再继续奋斗？我不便发问，只是观察他。他形容消瘦、憔悴了一些，脸色苍白，头顶上的头发用摩丝弄得竖起来，是现在年轻人流行的发式。竖起来的头发有些凌乱，还微微向前倾。他脸上没有笑容，面部表情比较僵硬，目光黯淡，神色黯然，整个人看起来显得垂头丧气、萎靡不振。

“在这里很难找工作，”他说，“可是在老家父母可以帮我谋到一个职位。”

“那你回去准备做什么工作？”我问。

“到厂里去吧，”他说，“我舅有一个兵工厂，我可以到那里去，在办公室里当一个职员，或者当老师去。”

“你不是非常不喜欢这样的职业吗？你认为自己适合当一名教师吗？”

“在辅导班教过小孩画画后，我感觉当老师也挺好的。”他说。

这个曾经向往当电影导演、当漫画家，渴望走进文艺圈的年轻人，现在放下了他狂热的梦，不再拒绝在办公室里当一名普通职员或以教师为职业了。我不知道是什么改变了他的想法，使他“放下”了执着，但我知道他目前的确非常需要一份工作、一份收入。生存是一个严酷的现实，它摆在我们面前，容不得我们逃避。

“我不能再任性了，不能再像以前那样不管不顾了。人活着要承担责任，要娶妻生子，要繁衍后代，要赡养老人……”

我很难相信这番话出自S君之口，一个曾经那样骄傲、自负、好高骛远、目空一切、心比天高的年轻人，这么快就从形而上的天空跌到形而下的地面。不久前，他还有着出国梦，渴望着荣誉，渴望着被赏识，可现在，他已被完全击倒，已向生活缴械投降。现在，他考虑的是房子、妻子、孩子、老人，以及诸如此类的物质层面的问题。

“我不能再走进那个圈子，再恶性循环下去了。”他说。

他所谓“恶性循环”的意思是，他追寻梦想，但现实却使他一再受挫，他不能从追逐梦想的过程得到他所向往的，因此，他不得不停下脚步……

所以，他决定选择过一个“普通”“正常人”的生活，从事一份安稳的职业，建立一个家庭……然而，透过他的苦闷和挣扎看出，他的选择和放弃实非得已。要承认自己被生活击败，对于他是一件痛苦的事情。

“人总得繁衍后代，如果人人都像凡·高、高更、莫奈那样，人类会从地球上消失。”他继续发表见解，以论证他抉择的正确与合乎常情。我告诉他大可不必为人类的延续与否担忧。

讲到爱情与婚姻，他说他不相信爱情，不知道什么是爱情，他说他结婚的目的是为了繁殖后代，再就是找个伴陪陪自己。

“寂寞是最可怕的。”他说。

“可是如果你和对方不相爱，无法沟通，即使你们生活在同一屋檐下，你依然会感到孤独和寂寞。”我说。

“哪怕对方是一个哑巴，只要她陪在一旁，也比一个人好。”他说。

我无法让他相信当一个人的精神强大到一定程度，寂寞就很难乘虚而入，即使它偶尔到访，它也不可能摧毁我们，我们总有战胜它的武器……

望着眼前这个被幻灭的痛苦折磨的年轻人，我真的感到他和以前判若两人了，他当初的自信、狂妄，他的青春和阳光都到哪里去了呢？

我还清楚记得他从前的样子，记得他曾经整个的生命状态，初次见他的情景还历历在目……那时，他在同学中站起回答我的问题，声音清晰响亮，富有热情，他皮肤白皙，面带笑容，整个人因对未来满怀憧憬和信心而显得青春焕发、朝气蓬勃……

我很欣赏他的回答，很欣赏他的激情，对他给予了高度的肯定，甚至盛赞他有天才……

然而后来，我对他的欣赏一直伴随着忧虑，因为我发现，这是一个典型的“问题青年”……

我发现他在课堂上喜欢发表一些与我的见解针锋相对的观点，他这么做的目的纯粹只是为了反驳我，以显得他见解新颖独到，可能连他自己也意识不到，也许最初连他自己也并不站在他所持观点的立场上。他上课几乎从不带教材。他有时似乎在全神贯注听课，但却不是在倾听，而只是想抓住你的某一个字眼、某一个句子、某一个观点以随时站起来反驳你，他听课的神态就像是一只在等待猎物出现的动物，随时扑上去……其他学生以为他见解高明，常为他鼓掌，他也为自己偶尔能“将”住老师而沾沾自喜，然而他并不知道，由于他过分急切地想表现自己，他的很多问题、观点尚未想清楚就发言，使得他的言论常常思路不清、缺乏逻辑，他的思维缺乏逻辑，常让人摸不着北，这就是难以和他讨论问题的原因所在。

有一次讲到王小波的《一只特立独行的猪》，他说他不赞成把人比喻成猪，我不知道他有没认真读完全文，有没理解文章的主旨，我试图让他理解那个隐喻里的反讽和深刻寓意，但没有成功，他固执地拒绝我的看法。

总之，这是一个非常自负、极端自我、极其骄傲和唯我独尊的学生，有极强的表现欲，喜欢受人注目。

我曾经试图和他在QQ上进行一次认真严肃的交谈，我指出他存在的问题，指出他的骄傲和自负，指出他在课堂上的言论欠缺逻辑，指出他应该谦卑下来去认真读一些书……但他很不高兴听见这些，他说："这些年如果我不是一直在拒绝诸如此类的'善意忠告'，你早就见不到现在的SK（他的名字）了。"他就是这么回答我的。接下来，他开始逃课，以此表示对我的抗议和不满。我就知道这是一个心理承受能力极度脆弱的学生，只能听赞美之辞，却不能接受一丝一毫的批评和否定。如果你和他面对面交谈，你一不小心说了一句他不爱听的话，他会马上中断交谈，然后向你鞠躬表示谈话到此为止。他的鞠躬看起来恭敬有礼，实际上充满了对你的不满和不屑。

我也就只能顺其自然了。从文字聊天感觉他的思维还是清晰的，并不像在课堂上的发言那么混乱，所以我想，情况也许并不像我所担心的那么糟。

后来，他拍了一部校园题材的电影习作，在校园上映的那天，他邀请我去看，我抱着姑且一看的心态去了，没想到有意外的收获。应该承认，这部从专业水准来看还很稚嫩的习作却有其吸引人看下去的地方。影片记录了很多大学校园生活珍贵的画面，有浓郁的校园生活气息，展现了当代大学生的情感生活，以及他们的追寻、思考和彷徨……抛开影片本身来说，导演能够利用有限的人力、物力和财力资源，在课外时间完成一部长达90分钟的片子的拍摄和制作，这本身就需要很大的魄力。所以我给予这部处女作充分的肯定，当然也指出了其中的不足。

《一年级生》放映后，在校园引起了一点轰动，S君因而信心膨胀，他决定趁热打铁，再拍续集。为此他离开了隶属学生会的影协，准备另外组织一个协会。为此，他写申请，找领导，奔走呼告，终于成立了美术学院的电影协会。

为了拍片子，他经常逃课。他读的是美术专业，却痴迷于电影制作。

续集拍出来后，我也去看了，发现他在驾驭电影语言方面有所进步，但从思想内容的深度来说，没有突破。

拍完《二年级生》《三年级生》，S君三年的大学生涯也随之结束。之后，他去了广州，在广东电视台找了一份工作。他没有返校参加大四的教育实习，甚至索兴中断了学业，留在了广州。他说："如果我都不想吃那口饭了，还烧那把火干什么？"

几个月后，听学生说他上了"非你莫属"的节目。这个节目是为求职人员和聘用单位提供平台而设的。显然，S君希望通过这个节目为自己创造一个机遇，为自己找到一份理想的工作。（我不明白他为何不能安于在广东电视台?）但很不幸，他失败了，他的自负和狂傲引起了主持人的不满，双方的对话和沟通因而难以继续下去。又过了半年，他回到湛江，继续学业。

复读的这一年，因为毕业创作的缘故，他开始画漫画，而且开始在这方面有所遐想。漫画可以独立完成，电影创作的集体性质却太强，所以他觉得搞漫画是一条可行之路。他还梦想着到我国台湾以及日本去发展，因为他认为他的才华在那样的地方会比较容易得到赏识。与此同时，他也试图在广州等地找工作，但没有成功。我不清楚他当初为什么不把握好在广东电视台工作的机会，到底是他主动辞掉工作还是工作辞退了他?

就这样，毕业了，他比同届同学晚一年拿到了大学本科文凭，却处于失业的状态。也许是生存的问题太严酷，他不得不降而求其次到培训机构教小孩子画画，领微薄而不稳定的酬薪度日。他甚至还去应聘过保安。“但他们也不要我，”他不无沮丧地说，“他们说已经招满额了。”我不知道是什么使这个曾经目空一切的年轻人完全乱了方寸，在找工作方面几乎到了饥不择食的地步了。我看见了生活的残酷，它把一个人从梦想的天空摔回现实的大地，那被摧残的，也许不仅仅只是梦想……

“在二线城市找工作很难，需要裙带关系，而我在这里，什么关系也没有……在老家，相对会容易很多……老师，你会不会觉得很失望?”他痛苦地问道。

“不会不会，”我连忙说道，“我们的人生观是会随时间环境而发生改变的。拍电影，从事自己喜欢的职业固然是好事；在小城市里有份安稳的职业、固定的收入，娶妻生子，也未尝不好，怎么活都是一场人生啊。只要我们真心喜欢这样的生活，我们就能从中得到幸福。在安稳的前提下，我们依然可以有自己的梦想，依然可以继续我们精神的追寻……”

然而S君能做到心平气和地接受命运的安排吗？也许他会在慨叹自己怀才不遇、命途多舛中沉沦吧？又或许他会渐渐麻木掉自己，最终成为一个循规蹈矩、安分守己的小职员终其一生……谁知道呢？他精神的生命如此脆弱，他往日的梦想只是建立在急切渴望得到成功、得到承认的基础上，是没有根的，所以，当他“不管不顾”投入了大量的时间精力去追求成功而不果的时候，他的梦就很容易在生活中枯萎了……

离别的时候，他向我伸出了手，我握住了它。不知为何，这个举动让我觉得苦涩。走到门口的时候，他说不必送了，我就停下拍了拍他的肩膀，祝他有个美好的前程，祝他一路顺风。他说谢谢，就走下了楼梯。

对了，走之前，他把电动车留给了我。那辆台铃是他夏天买的，为那辆车他还向我借了几百块。他很抱歉没钱还给我，他困窘地掏了掏两边的裤袋，说现在经济还很困难。我叫他不必把那几百块放在心上。他就把车留给了我。

我不知道这是不是最后一次见面，但我知道以后见面的机会非常渺茫，不知道他的未来会怎样。我衷心希望他能早日走出困惑和痛苦，希望那颗急切和浮躁的心在痛苦中沉静下来，重新思考自己未来的路向，从而以一种开阔的胸怀去接纳生活的种种安排……

2013 年 10 月 27 日

辑二　一个人的岁月

小　鹿

在林中漫步的时候，我遇见了一头美丽的公鹿，它正在溪水边饮水。它年轻的身体结实健壮，棕红色的皮肤上点缀着很多圆形的白色斑点，洁白的鹿角则像一顶华丽的冠冕。为了不惊吓它，我停下脚步，静静欣赏这个尤物。它踩在溪水里，溪边长着菖蒲，清澈的水面倒映着公鹿和岸边草木的身影，上面还交织着蓝天白云。小鹿边饮水，边不时警觉地抬头四处张望。它觉察到附近有人，但它看到我并没有走近或伤害它的意思，就继续放心地饮水，只是不时抬起它那双大大的明眸看看我。

以后我又多次见到这头动物，它不是在溪边饮水，就是在草地上休息，或在林中奔跑……每次我都用赞美的目光注视它的面容，或追随它的身影……它觉察到这一切，开始注意起我来。起初它站得远远的，后来就越走越近了……我们开始相互对望……隔着一片空地，或隔着溪水，我们用欣赏和喜爱的目光打量着彼此……风在吹，鸟在叫，水在流……我们却忘我地凝视着……后来它竟主动上前，为我唱起了悦耳的歌……我和那只动物之间，竟有了一种心照不宣的默契。有一天，它躺在我身边的草地上休息。它是那样美！我情不自禁伸手想抚摸一下……但我的手指刚触及它的皮肤，它就受惊地跃起，然后就跑掉了。它一直朝树林深处跑去。我起身追逐。

“鹿鹿，别跑。回来！”我呼唤着。它却越深地往树林跑去，它艳丽的身影左奔右跳、忽隐忽现，很快就消失无踪了。徒留下林中的寂静，和我内心的一片惆怅……

后来，我再没见过那只动物。我不能不感到惋惜，然而我也感到了奇遇的美丽。我因而爱上了这样的漫游和旅途。在这样不经意的行走中，我们总会不期而遇一些奇妙的事物，这次是一头可爱的小鹿，下次也许会是一头令人惊艳的白老虎，谁知道呢！我行走着，憧憬着……

2015 年 8 月 27 日

孤独的夜

我早已习惯了这样的夜晚：孤灯下，一人独坐，什么也不干，只是静静地坐着，听楼下花园蛙鸣虫叫，看风吹帘动……在观看与倾听中，感受夜晚的寂静和自己的孤单。花园外面时有火车经过，隆隆声一下就淹没了青蛙与昆虫的合唱，但火车很快远去，复把寂静还给夜晚，我又重新在无边的静谧中，感到孤独的巨大存在……

很多个这样的夜里，我曾为自己独守孤灯、形影相吊而陷入悲伤。在那样脆弱的时刻，我无法想象自己在未来的日子里，将独自一人迎接一个又一个漫漫长夜。然而如今，我已不再害怕。我已习惯了这样的夜晚，爱上了这样的夜晚；我已习惯了孤独，爱上了孤独。已经很难想象和一个男人共居一室，室内有电视机响或小孩子吵……尘世的幸福离我很远，然而和那样的幸福相比，我更爱独自一人在夜里、在灯光下听青蛙昆虫的合奏，看风吹帘卷……在观看与倾听中，我感到的不仅仅是寂静与孤单，还有可贵的自由。在静观与静听中，我有深深的感动……

青蛙在叫，虫子在唱，风在吹，帘在动，远处的汽车在奔跑……多么静谧的夜啊！多么美好的夜！在这样的夜里，一颗心也是安安静静的。

2015 年 6 月 18 日

落难的客人

中午时分，家里来了一位尊贵的客人。

一只羽翼未丰的小鸟落在了我住所的阳台上。当时，我还在吃午饭呢。为了不吓着它，我保持着初见它时的姿势，只一动不动地看着它而已。它也歪着头一动不动地斜视着我。我们这样彼此打量对方好一会儿。忽然它迅速向卫生间跑去。一进到里面它就叫唤起来，声音悦耳。我想它可能在找水喝就没敢打扰它。吃完饭，卫生间里没有动静了，我以为客人走了。进去一看，客人正一动不动地对着一桶水发呆呢。我以为它为喝不到水发愁，就捉住它喂它喝水，但它从我手中挣脱，扑腾开去。我才知道它还在学飞阶段，是一只雏鸟。我再次捉住它，给它喝水，喂它米粒、饭粒，但它均不吃。显然它并不饥渴，它是在为找不到家找不到妈妈发愁呢。怎么办呢？怎样才能帮到它呢？我无法可想，只能把它放到三角梅的枝丫上，以防它成为猫咪的玩物。

它在三角梅的枝丫上一动不动地站了好久，尔后又开始叫了，它的叫声终于引来了其他鸟，也许是他的父母。鸟爸鸟妈在楼前上下盘旋叫唤，却始终不敢飞进阳台，或许是因为防盗网的缘故飞不进。虽然找到了孩子，他们却无法把它带走，最终他们只能弃它而去。于是又只剩下雏鸟孤零零的一个了。它不再叫了，只是安安静静地站在三角梅的绿荫下，很无助很可怜的样子。我想去安慰它，但伸手想抚摸它时，它却扑腾着翅膀飞到对面楼的窗檐上去了。

午觉醒来，我不知道小鸟去了哪里。后来下雨了，下了很久。正在看书的时候，忽然听见卧室窗外有鸟叫。走到窗前一看，不正是那只找不到家的鸟儿吗？它在对面的楼顶上不安地叫唤呢，羽毛全被打湿了。它离我不过咫尺之遥，可我无法走到对面楼顶上去。我真希望它能飞进我的卧室或窗台上来避避雨。这样淋下去，恐怕它会生病或死去的。

小鸟啊，你太急于去探索这个世界了，为了这份急切与好奇，你也许得付出生命的代价！

我怀着悲悯之情隔窗看着它。我想这只雏鸟也许会在无助中冻死或饿死。就在我无法可想的时候，一幅动人的画面出现了，一只鸟衔着小虫飞来，喂雏鸟吃后就飞走，过一会儿又衔着小虫飞来……那只鸟的毛色与雏鸟的并不一样，显然，它并非雏鸟的父亲或母亲，只是看见自己同类中的弱小者落难，就前来相助而已。我被这美好的一幕感动，以至泪水濡湿了双目。我想，有那些美好的同类，雏鸟一定会得救的，一定不会被遗弃的。

2011 年 5 月 14 日

夜　鸟

我抬头想寻找它的身影，看见的却只是暗蓝色的夜空，它渺小的身体被无边的暗夜吞没。但苍茫夜空中传来的声声鸣叫，确证着它的飞翔与存在。它的叫声由南向北，由东向西，由远及近……它的声音尖锐、绵长、孤独、悲伤……凄清地回响在寂寞的夜空。

从何时起，这熟悉的声音就开始在无数个夜里陪伴我了呢？每一次夜色降临，我都可能在住所附近、在公园、学校、马路或闹市的上空，听到这永远不变的声音……永远是孤独的和悲怆的……

它可能在黄昏时分响起，可能在深夜响起，也可能在凌晨我梦醒时分响起……

永远是同一个声音。我相信在不同的时间地点发出这样叫声的是同一只鸟。这孤独的游魂，总是在夜色降临后出来漫游，从东向西，由南向北，漫无目的……一边飞翔，一边发出那单调而凄怆的鸣叫。在它的下方，是尘世的万千灯火——那些在无边夜色中绽放的美丽而迷人的光，还有尘世的喧嚣、忙碌及热闹……但这一切与它毫无关联，它凌驾在这一切之上。无论人世怎样繁华热闹，它的世界却永远是安静的、孤独的……它永远沉浸在自己的忧伤之中，似乎永远在执着地呼唤和寻找——它曾经失落和难以割舍的东西……

我不知道在这个熙熙攘攘的城市里，除了我，还有谁认真地聆听过这样一只飞鸟的叫声？还有谁真切地感受过这样一个孤独灵魂的哀鸣？而我，无论夜里走在什么地方，无论地面上的声音有多嘈杂，总能清晰地分辨夜空之上那遗世独立的鸣叫。那声音如此独特而清洁，不管怎样都不会被尘世污浊的繁杂所淹没的。

2013 年 4 月 1 日

郦都的灯火

住进郦都已整整两年，印象深的是这里的灯火。每当夜色降临，美丽的火光就会绽放在花园的各个角落：路边、湖畔、亭子里、花木旁……也次第盛开在一幢幢高楼上。白的光、黄的光、蓝的光……地面上的光、高空上的光；河岸上的光、水面上的光……高高低低、错落有致。下雨的夜晚，湿漉漉的地面和草叶上反映着灯火的温暖，那迷离的光辉，使夜色更显诗意和朦胧。

运河旁那堵沿路蜿蜒的矮墙上，顶着很多大大的球形白炽灯，每隔三四米就有一盏，它们在夜晚发出乳白色的柔光，和主道两旁高高灯柱上的黄色光芒交织在一起，在树木的掩映和夜幕的衬托下，形成非常好的景观。在这条道上往运河对面看，可以望见不远处灰暗的天幕下小山坡上的树林，还可眺望麻章片区的灯火。沿矮墙一直走到路的尽头，在一扇铁门前停下，往麻章车站的方向望去，你将能看见瑞云北路车河里的灿烂灯火。红色的是车尾灯，金色的是车头灯；红光南下，金光北上。这些灯光在夜晚流动不息，与路边的霓虹和交通灯融汇在一起，织成一片光的华美锦缎……

在高楼上看灯火，又是另一种感觉。居室向北的一面有开阔的视野，所以无论是在入户花园的推拉门前，还是在小阳台上，还是在书房里，还是在客房的窗台上，都可以眺望遥远处夜色中的点点火光，它们散布在田野里和城市的另一端，像宝石一样发出闪烁不定的光芒。

还有火车车厢里的灯光，一节一节的。每晚从花园外田野里穿过的列车，就像肚腹透亮的黑色爬虫，目光烛照前方的黑夜，以飞快的速度，穿行在辽阔的土地上。

很多个清晨我早早醒来，站在阳台上透过薄雾，看见田间和天尽头还有一些灯光将灭未灭，微弱地摇曳在清凉的空气中。而铁路旁净水厂里却有十多盏灯像金色的大花一样绽放着……只是今年十月的“彩虹”台风之后，净水厂向北的围墙倒了，金色的花朵也消失了，清晨开在厂院子里的，只有两三盏刺眼的白色灯光了。

月明之夜，郦都内外的灯光与月光争辉，天上的明灯与地上的万千灯火并存……那真是美不胜收的景象！

每每暮色降临之际，我下班回家的途中，在瑞云北路远远看见郦都那镶嵌在高楼上的一大片灯火，心里都会有异样的感动。在那一群密密麻麻的建筑物里，在那些高高低低的屋顶之下，有一间我的寓所；在那一片温暖的光明之中，也将会亮起一盏属于我的灯光。

那将是盛开在我记忆中永不凋谢的花朵，它们织就的锦缎在我生活的天空上，将永不褪色！

2015 年 11 月 15 日

清晨遐想曲

醒来的时候，天还没亮。我没睁开眼睛，但感觉告诉我，房间还黑着。我不知道时间是几点。室内很安静，除了闹钟走动发出冷漠的“滴答”声外，听不见一只虫子在叫。远处公路偶尔有汽车驶过，传来模糊的声响，那声音仿佛是扁平的，贴着地面追随着车身飞驰而去…

我闭目躺着，倾听周围的寂静。这样不知过了多久……我微启双目，看见天花某个地方有块模糊的亮斑，我就知道天开始亮了，虽然房间还暗着，但清晨正姗姗而来。

我还很困倦，于是又闭上眼，但没能进入梦乡。不久，我睁开眼睛，发现曙光已进入室内，模糊地勾勒出房间的摆设。

但天色尚早，还不是起床的时候，何况我还恹恹欲睡。于是我再次试图睡去。第三次开眼的时候，整个房间已沐浴在柔和的晨光里了。睡意几乎消散，但我还是继续躺着，睁着眼睛躺在床上。这时，鸟叫了，一只鸟在花园外面发出沙哑的“啊啊”声，接着，一列火车隆隆驶过……我的脑子也开始不由自主地闪过缤纷的念头。

我不会再回去，永远都不会再回去，管别人怎么说……两天前那个电话真令人不快……真是无耻，真是下流……五万块我要上多少课才能赚到……

“你先走，我还要买点东西。”我忆起昨晚和同事吃完饭走出餐馆后，我站在路边对坐上电车的他如是说……没什么意思，他们全是俗人……那些男人，没一个高人逸士……

这样胡思乱想的时候，我发现自己是一动不动地仰躺着的，左手搁在脑边，右手垂在大腿旁。我竟不知自己一直保持这样的姿势一动不动。我伸展了一下身体，调整了一下姿势，但很快又进入出神的状态。

“仓玛，你瘦了，抽烟抽得太凶了吧？你得戒烟了。”下次见到那小子，是否应该对他这样说？可他跟我有什么关系？他不过是我的一个学生，且关系不熟。可我不想看到一个帅气的阳光男孩最后变成一个面黄肌瘦的烟鬼……

过些天到海边去，想念大海了，去吹海风，去听海声……把Jenny也带去，让她在沙滩上奔跑，让她追逐海浪……这样想的时候，我已经看见她在沙滩上奔跑了，而我则坐在沙滩上，面朝大海，看海浪轻涌，听海唱古老的歌谣……

我翻了一个身，侧躺着，胳膊枕在脑袋下面。这个姿势让我不舒服，我于是一骨碌坐起来，那些乱七八糟的念头也随之纷纷跌落，四散逃逸，消失在无何有之乡。下床，拉开窗帘，整个房间一下就浸浴在明亮的晨光中。叠好被子，挂好蚊帐，我走出卧室。把 Jenny 和兰花从卫生间放出来后，我逐一打开门窗。打开入户花园的推拉窗时，清新空气迎面扑来，鸟儿的歌声清晰地传来，还有秋虫的鸣叫。原来虫子们并非睡着未醒，而是我把它们的叫声关在外面了。我照例站在窗前凭栏眺望，只见天空蒙着灰色的云层，太阳还没有升起的迹象。空气有点闷热，今天恐怕又会降雨。在那片田园风光里极目骋怀片刻后，我就去刷牙洗脸，如是迎接新的一日。

2014 年 9 月 13 日

淡淡的日光

中午时分，阳光温柔地明亮着室内。我坐在沙发上什么也不干，只听见鸟在楼下花园里唱歌，汽车在远处奔跑。我的内心一片安静、祥和……那一刻，我突然真切地感到神的存在，真切地感到神与我同在，淡淡的阳光是他温柔的爱意……我想起了那个卖菜的老妇人，这几天我都买她的菜。她种的菜没别人的茁壮，但鲜嫩可口；她的菜价比别人的低廉，但分量比别人的足。今天她穿一件单薄的蓝色风衣，寒冷使她罩上了风衣的套头帽。裹在帽子里满是皱纹的脸愁苦而苍老。那张脸没有笑容，却善良而谦卑。宽大的衣服里，瘦小的身子佝偻着……贫苦的生活压弯了她的腰，夺去了她的笑，却还没有掳走她的善良和诚实……泪水充满了我的眼眶……有什么好生气的呢？昨天我因为别人人格的缺陷而生气，现在回想，我感到羞愧。有什么好生气的呢？即使别人欺骗了你、辜负了你、伤害了你，也没什么可气的，所有的人都值得悲悯和爱。

下午刘小姐过来帮我测水质。自从装了她们公司的净水设备后，每一两周这个漂亮的姑娘就过来帮我检查一次水。她测水、逗狗狗玩。我用普洱茶和红薯招待她。我们愉快地聊天。她走后，日光已经黯淡，我的心还是安安静静的，因为今天神造访过我的心房。

2016 年 1 月 2 日

美丽的夏日

这个季节，太阳总是起得很早。阿波罗在这个他一年中精力最为旺盛的时节，似乎总是迫不及待地想把自己的光芒尽可能多地洒向寰宇。当田间的晨雾还眷恋着大地，东方已经金光耀目。每天清晨醒来，我都发现天已大亮，窗外对面楼体上的阳光和楼顶上的天空告诉我，又是一个晴朗的赤日炎炎的日子。

我在这样的日子骑车去买菜，迎着清风望着蓝天沿花园围墙边的路而去。夏日的美好使我心情年轻。我甚至感到了青春和爱情的气息，就在天空的蔚蓝云朵的洁白阳光的灿烂和清风的凉爽里。夏天是属于青春和爱情的，我想。

一天下午，从学校开电车回家的途中，我被烈日炙烤着。当我抬头望天的时候，发现天空竟蓝得如此纯洁！天空上布满了大朵大朵厚重的白云，因为阳光的强烈，云朵背阳的地方略呈灰色。下坡的时候，阵阵凉风迎面吹来。我刹那间感到了骄阳似火的夏日之美！

雨频频到访，带着洁净世界和促使植物生长的使命，与闪电、惊雷联袂而来。每个沉闷的午后，都有可能迎来电闪雷鸣和大雨倾盆。鲁莽的急雨也常在清晨或夜半敲窗，将你从睡梦中吵醒。大雨之后，世界一片清凉清新，草木愈加青翠，蛙声愈加起劲，夜晚花园蜘蛛兰的香气愈加芬芳了。

到处都可看见石楠花明丽的面庞，郦都的花园里，街道的路边……蜘蛛兰也处处绽放，还有紫薇、扶桑、美人蕉、鸡蛋花的倩影处处闪现……

傍晚的云霞是上帝给这个季节又一美好的礼物。一天，我从外面回来，时间已近八点。在沙墩村铁路上方的桥头上，我看见了西天美丽的彩霞。天差不多完全黑了，阿波罗还没有收回那些美丽的锦缎。郦都大片剪影似的灰色楼群在玫瑰色的云彩衬托下，楼顶高高低低错落有致，那景象何等壮观、何等美丽啊！

2016 年 7 月 16 日

在窗台上

一

临窗而坐的时候，我常会有这样的幻觉：我是在空中楼阁里，我的上方是高远的天空，下方是无底的深渊，四周是无边的虚空，如果站在对面楼，我会清楚地看见那小小的楼阁在巨大的虚空之中是怎样无依无恃，而我又是怎样孤伶伶地在那里面凭栏眺望……

此刻，我正带着这样的幻觉坐在窗台上。我眺望田野和树林。只见田野被雨雾笼罩，天地间苍茫一片。池塘的水满了，蜿蜒在田间的小河水涨了……水声潺潺……几只白鸟飞过田野，飞过树林，消失在视野……秋虫有气无力的声音从花园下面隐约传来，一只老鸦在树上聒噪……天还朦胧未醒，雨还在淅淅沥沥地下……

当我看够风景，而把目光从空中楼阁转向我的现实生活中时，我看见 Jenny 正蹲在门口睁着大大的眼睛望着我，她的神色充满了困惑和担忧。每当我长时间一动不动地坐在窗台眺望风景时，她总会这样紧张而忧虑地蹲在房门口守望着我。也许她担心我是不是出什么事了？也许她担心我会否就此凌空飞去，永远丢下她不管了？

此刻，我的目光落到她身上的时候，她也屏息凝望着我，她的耳朵紧张地抖动起来，警惕地想听我对她说些什么。我觉得小姑娘急得都快要哭了。

我跳下窗台，出门买菜。今天是中秋节——文人墨客、才子佳人的节日，但我还是要买菜做饭。

2014 年 9 月 8 日

二

外面在下雨。我坐在窗台上看风景。透过布满水珠的窗玻璃，只见雨正下得欢畅。笔直的雨柱落下来，在窗前形成了一道天然的水晶帘子。近距离看雨从身边落下来，中间只隔着一面玻璃，这种感觉真的很诗意很奇妙！

闪电在窗外耀武扬威，雷声不绝于耳，我却安坐窗前，即使有几次感觉电光进了屋里。我相信自己是安全的，直至一道可怕的闪电——我觉得它是真的——从窗缝钻进来，接着一声惊雷在头顶上方炸裂……我才吓得跳下窗台，几欲离去。Jenny 这时跑到房门口，冲我狺狺而叫，发出求救。从第一声雷鸣开始，她就已坐立不安，此刻更是感觉岌岌可危无处躲藏了。我没理她，甚至都没朝她望一眼，兀自倚窗而坐，观看雨势。她只好自去寻找藏身之处。

我克服对闪电的恐惧，继续留守窗台，但是把窗关紧了。雨继续痛快淋漓地倾泻着情感。花园围墙外那条泥路已成了小河，黄色的河水哗哗地朝低处流去，迂回曲折地注入铁路旁那口小小的池塘。铁路那边的田野，在雨雾的笼罩下，早已模糊一片。

渐渐地，闪电消失了，雷声远去了，窗前的雨帘不知不觉稀疏了起来。慢慢地，帘子不再成其为帘子，雨柱被断线所取代。笼罩着田野的雨雾散去，青翠的田地和墨绿色的树林清新可喜地呈现出它们被洗浴过的面目。推开窗，哗哗的水声和牛蛙的叫声清晰地传入耳鼓。

雨又断断续续地下了一段时间，然后才止住。蜿蜒在田间的小河涨满了水，河面变宽了。有几块田蓄满了雨水，成了池塘。

傍晚，天将暮未暮之际，深蓝的天空上挂着一抹玫瑰色的霞光。铁路边的池塘、田中的积水，以及小河的水面都倒映着美丽的霞光，田野一片黄昏的静谧……

2016 年 6 月 14 日

傍晚的田野

傍晚，我到田间漫步，看见波光粼粼的池塘倒映着树木和房屋，一群鸭子正享受它们在水上的自由。红日西沉，落日余晖给田野和山坡涂上了淡金色，将树林的身影投放到大地上。鸟在菜畦间跳跃，又从菜畦飞上枝头。远远地，传来爆竹和锣鼓的喧阗声、狗吠声，鸟在空中啁啾，水在沟里流……不知名的小虫在身边幽幽唱着黄昏的寂静……

我走过田埂、漫步山坡，静听着隐匿在草丛、泥土、水中或陆地无数歌唱家演唱的曲调合成的田园交响曲，我陶醉于这无比美妙的音乐和黄昏的静谧，直至夕阳落到树林的背后，消失在地平线。天空黯淡，暮色聚拢，我才依依不舍地离去。在回家的途中，我看见池塘黑色的水面上，还游动着一个白色的身影。别的伙伴都离去了，那头年轻的公鸭却在享受独处的乐趣。它黄色的脚掌不停地拨动着水，使得水面波光荡羡，一圈圈的涟漪此生彼灭，不断地扩展开去……鸭子还不时弯下脖子将喙插入水中，或伸长脖子张嘴在空中捕捉食物。黑暗就要吞没大地了，它还乐不思蜀。多么独立、多么自在、多么勇敢的鸭子啊！

2016 年 2 月 13 日

月光的诱惑

月光就像最好的化妆品，被它点染过的物件，无不如同敷上了一层光洁细腻的粉，粗糙和丑陋都被遮掩、抹去，只被和谐在最柔美的统一色调里。

月光下，连灯火也显得格外妩媚一些。那条蜿蜒在湖面上的桥，被温暖的火光装饰得多美啊！引诱得行人都想去亲近它，从而穿过它的身躯深入夜的神秘。

在月色的蛊惑下，我战胜了胆怯和恐惧，于游人几乎散尽之时，只身进入夜的山林。在那里，我看见了美不胜收的风景：清朗的光辉下，黑色的山林和岸边的灯火如何静静地映在微波荡漾的湖水中，夜色中的湖光山色又如何被城市的灯火所包围。月光、灯光、波光交相辉映，编织出夜的诗意和美丽。

在一个灯火灿烂却阒寂无人的广场，我站在坡上仰望明月，踌躇着还要不要往幽暗的山道上继续行走。这时有人开着电车冲下来，车头灯发出白色刺目的光。我赶紧闪到路边。开车的是一个妇女。而山坡下，一个男人正在黑暗中骑车，他的脸似乎在发光，因为月光给他的面部轮廓镶上了一道银边，使人远远就能辨认他苍老的面容。

我站在湖岸的篱笆边欣赏对面黑色的山坡、树林和灯光在狭长湖面上的倒映，那真是奇异的画面！一对夫妻带着一对儿女过来。我跟着他们沿着湖边山下的路转了一圈，然后他们离去了。我决定继续深入山林。只身在幽暗的山路上行走，真的有些害怕。但了解黑夜之神秘的渴望压倒了一切，这种渴望给了我去探究和行走的勇气。当我站在山谷的一座桥上眺望湖对岸的灯火时，内心多么激动啊！我感觉自己进入了夜的核心，看见了最美的月色！包围着我的是黑色的山林、幽暗的湖水和皎洁的月光。周围的景象清晰可见，四下阒寂无人。整座山仿佛只有你一人在独享夜的静谧和美丽，此外，无人能够打扰，那种感觉是多么好啊！

我沐浴着月光继续在山间漫游之时，还遇到了一些人：情侣、独行者……他们似乎和我一样，有一颗喜欢在夜色中穿行的灵魂……

当我终于结束自己探险的旅程，而在湖边面对着湖水和月光坐下来的时候，我感觉到累了，然而心满意足。身后篱笆外面传来一首经典的粤语老歌："正是你，我没逃避，在这浅水湾的一个终站，让两颗心一起走出美丽传奇，你缠绵无尽一生不忘记……"我不由得也跟着唱起来。一个男人从篱笆外面进来，然后左转而去。

回到学校的时候，发现那片开阔的草地上已空无一人，几个女学生走过，其中一人手里提着一盏灯笼，上面写着“中秋”两字。“她们并不知道今夜我体验到了什么。”我内心自语着。黑色的山林幽暗的湖水，和灯火通明的城市社区相比，是多么不同啊！

翌日，我回味着昨夜经历的种种，回忆着朦胧月色中的迷离世界，依然恍惚如在梦中。

2016 年 9 月 17 日

台风天

早上，我被风雨声吵醒。阳台防盗网上的铁皮不时噼里啪啦作响，是风在摇撼它们，它们受了风的鼓动而拼命挣扎，似乎也想挣脱羁绊，获得自由。风来得迅猛，去得也迅速；它来无踪，去无影，但凭金属振动的声音可判断，它是到访还是离去。风一次次卷土重来，一次比一次更猛烈地摇撼那些“金属墙”，像一个发疯的女人似的，气急败坏地想把那些铁皮撕扯下来，且有不达目的决不罢休的势头。那些铁片在风的撼动下挣扎抖动得如此厉害，我真担心它们随时会挣脱束缚，被狂风席卷而去。

与风声相伴的，是敲打在“铁墙”上的雨声，沙沙沙沙，极有韵律。我裹着毛巾被躺在床上，静听着风雨中的一切声响。才五点多，天还朦胧未醒，我也仍蒙眬欲睡。我就在半梦半醒之中享受着留守被窝的温暖。这样的天气足以给一向早起而勤劳的人以偷懒的借口。

风还在继续，雨还在继续……就在此时，我非常惊奇地听见了几声清脆悦耳的鸟鸣。它们真是准时，真是风雨无阻啊！我想，即使是这样的天气，也丝毫不能影响它们的心情，它们依然会在醒来的第一时间里用愉快的歌声迎接新的一天，用歌声来表达它们幸福醒来的喜悦。但小鸟的歌声没有持续多久，风雨声很快掩盖了那美妙的音乐。台风越来越强劲地肆虐着，在这样的淫威之下，小鸟也不得不闭上了嘴，安安静静地待在它们的小窝里了。

我透过湿漉漉的窗玻璃，看见高高的天空上瓢泼的大雨被风从东吹向西……风在窗外尖锐地呼啸着，寻找着一切缝隙，随时准备进行摧毁与破坏……

我不知不觉又睡着了。做了一个梦，梦见有几个人，D也在其中，我们在分吃橘子，很大的橘子。后来D的父母也来了，他们坐在我旁边，但他们似乎不知道我的存在，他们对D说已物色了一个女子，要D瞒着我去相亲。我很生气，于是就醒来了。

醒来已经上午八点，室内光线还很昏暗，屋外狂风仍在肆虐。我起床，发现雨泼进了客厅，地板上有很多三角梅的落叶。阳台的光线明亮了，因为三角梅被洗劫了一番。海棠和九点红不胜狂风的摧残而伏倒在花盆上。阳台的地板有很多积水……

2013年7月2日

夏　夜

傍晚，天将暮未暮之际，外面忽然传来一阵吱吱喳喳的鸟鸣。是一群燕子飞到了我家楼前。开始只有几十只，但很快就增至几百上千只。这数以千计的燕子黑压压一大片在楼前来回上下翻飞，还有的绕建筑物做快速飞行。昨天它们来过，今天它们又在同一时间再次到来。是什么原因使它们在本应归巢的时间，却集体出来狂欢？我站在阳台上静静欣赏这一难得的奇观。由于距离近，我甚至感到鸟们在拍动翅膀时，把风扇到了我脸上。

我的猫趴在花盆上躲在花叶间一动不动地观察着这些不速之客，我的狗仰着脸朝这一异象吠叫。

有些燕子很快飞走了，有些停落在对面楼前的高压电线上，有的则停在由对面楼下拉至我住所的电话线上。虽然那条线倾斜而陡峭，却丝毫不影响燕子们稳稳落在上面，它们由上到下排成一个纵队站在那里。那根电话线虽然纤细，但承载几十只燕子的体重似乎完全没有问题。我想起“身轻如燕”这个成语。燕子们一在线上落脚，就开始热烈交谈起来，看来心情不错。它们似乎很高兴在电线上找到一个栖息之处。

一阵风吹过，阳台上三角梅的枝叶摆动了起来。有几只燕子开始和那些向它们卖弄风骚的花枝调起情来，它们对着那些向它们搔首弄姿的枝条扇动翅膀好一会儿，充分表达它们的爱慕之情以后，才轻轻停落在枝头上。

这一热闹的景象没有持续多久。约十分钟后，天完全黑了，燕子们已不知去向，外面恢复了安静。我以为所有的鸟儿都回家了，但是当我吃过晚饭走到阳台上的时候，却发现夜色中电话线上还有几个黑色的小身影。我以为只有这几个小家伙乐不思蜀，可是当我往楼下看的时候，发现电线上还有两排黑色的音符。奇怪！它们为什么不想回家？我不难找到答案。肯定是因为天气热，它们不愿意待在巢里，外面的清风多凉爽呀！连鸟儿们都懂得。

九点多，我带狗下楼的时候，燕子们还安安静静地蹲在空中，无数的行人和车辆从它们的下方来回经过，却丝毫不能影响它们，它们早已在柔风的爱抚下进入香甜的梦中了。在它们的上方，是又高又远的深蓝的夜空，夜空之上，飘动着棉絮般的白云，还有半轮月亮，和星星数点。

2013 年 7 月 20 日

春天将尽

昨天去上课的路上，我很吃惊地发现，校园网球场旁边的那棵木棉树上的花快落光了，只剩下零星的几朵，点缀在枝头。一个星期前，这棵树还繁花满枝，喜气洋洋，孰料转眼间就荣华褪去，徒剩凄凉。花开时的热闹和花落后的寂寞，这前后的对比和变迁的迅速，让人心生好景不长的感慨。

花掉光的某棵枝丫上长出几许新叶，希望和憧憬似的，在微风中飘摇。总是这样，木棉总是在叶将尽之时开花，花将尽之时长叶。当繁花落尽、新叶初生之时，春天就已近尾声了。

我悚然心惊：原来，春天又到了尽头，原来，春光已所剩无几！时间过得快呀！不知不觉中，花开花又谢，叶落叶又生。难过的是，春天即将结束，而我还没好好感受过它。花开烂漫之时，我在哪里？在忙些什么？

一年的四分之一就这样消逝了。夏天即将来临，夏天也会在我们的不知不觉中来了又去，不留下一点痕迹，秋天也将如是……然后又是一年的开始。人的一生大概也不会比一年长多少，大概也不会比一个春天长多少，一生也会像一个春天那样，在我们毫无察觉的状态下，在我们还没来得及好好感受生命的过程中，就已宣告结束。

大自然的春天走了还会回来，而我们生命的春天一旦消逝，永不复归。生命最美好的时辰，我们忙于无谓的琐事，将春天的呼唤置若罔闻；一旦悚然惊觉，恐怕已太迟太迟……

2012 年 4 月 11 日

秋雨绵绵的日子

在南国，最能让人感受秋天的到来的，恐怕不是漫山的黄叶，而是一场又一场绵绵的秋雨。每一场雨后，气节都会向秋天的腹地更深地挺进一点。

今天又是一个秋雨绵绵的日子。晨餐后，我坐在沙发上喝茶。这时外面下起了雨。一阵急雨泼进了阳台，也从未关紧的窗户泼进了窗台。窗台上落下了很多晶莹的珍珠。风吹动防盗网上的帘布，随着布的翻飞，室内的光线也忽明忽暗。雨沙沙沙地下着。雨点敲打着栏杆，发出滴滴答答的声音，大滴的雨珠则吧嗒吧嗒落到地板上，风在高楼外呜呜呜地叫着……我听着雨的节奏和风的呜咽，在清凉的空气中感受秋的气息。这一切多么美好！今天我的头不疼了，精神饱满，故而又能在周围的一切声响和景象中找到生的乐趣。什么也不做，不听音乐不看书，不和朋友闲聊，内心却安静而充实。我这样什么也不干而只是静静地坐着度过了多少时光，却从未感觉虚度了光阴。我愿意这样静静地迎接一个又一个日子、一个又一个秋天！

2015 年 8 月 31 日

消失的树林

看着田野里的树林一天天消失，心里真是难过。我曾经多么高兴能住在田野之边树林之畔。多少个日子，我站在阳台之上天空之下眺望那片风景，内心充满喜悦。开阔的视野让我感到生活的美好和上帝的恩宠，还从中找到了活着的意义。在那里，我目睹过许多美好的景象：鲜红的旭日升上树林的梢头，洁白的晨雾弥漫田里林间，雨后的小河蜿蜒流淌，白鸟飞翔，老鹰盘旋……因为那些树林，我原谅了那些丑陋的房子。然而如今，它们在迅速消失，它们被大片大片地砍伐，现已所剩无几，难看的楼房却日益逼近。田野上的树林被东砍一片西伐一块，就像一个人的头发这里被剃掉一撮那里被剪掉一块，人们就是这样羞辱自己的大地之母。

没有了树林，就没有了洁白的晨雾，而代之以灰蒙蒙的雾霾。也没有了白鸟的身影，也没有了搏击长空的老鹰……人类以牺牲美的代价来满足自己丑陋的欲望，真不啻于自掘坟墓。

有一天，我们的灵魂也会像那些飞鸟一样无枝可依，最终惨死在暴风雨中。

一天天消失了田野和树林，
一天天消失了青山与碧水，
飞鸟哪儿去了？
还有奔流的小溪？
我们的灵魂也将无枝可依吗？
我听见大地深处传来悲鸣。

既然大地已经千疮百孔，
那我就只仰望天空。

2016 年 1 月

活着的理由

一秒钟前，我还在怀疑人生的意义；但当我走到阳台，面对那片开阔的风景，我又找到了活着的理由。广阔的天宇下是开阔的田野，我的心豁然开朗了起来，甚至产生了去远足、去登高远望的念头。我甚至产生了这样的幻觉：我张开臂膀飞了起来，飞出阳台，飞向田野，像一只大鸟那样在广阔的天宇下翱翔，我有力的翅膀不时扇动着……独自飞未免有些孤单，所以我想象着有一两个或一群同类和我一起在广阔的天地间飞，一起结伴同行飞往远方……

田野里的树林被台风摧残过颜色变得枯干，但又渐渐长出新叶……开阔的视野多么好多么重要啊！即使每年都要受台风威胁，我还是要住在这里住在高楼。为了那片风景，“虽九死其尤未悔”。

2015 年 10 月 21 日

呐　喊

今天在麻章车站旁边的红绿灯那里，看到一个样子很可怕的男人！真的非常可怕，就像从恐怖片里跑出的怪物。秃顶，一张被毁了容的脸既滑稽又丑陋。可能是被火烧过，面部有些地方的皮肤是红色的，被烧坏的嘴唇露出牙齿……那副怪样真的无法用语言形容。蒙克《呐喊》里的怪人也比他好看得多。我只是不经意瞥了一眼，因我开着电车，他从我面前走过。当我看他的时候，他意识到自己的丑陋而羞惭地垂下了眼皮。我回头想再看清楚一点，他已经走远了，背影瘦削单薄，光秃的头顶周围，头发长而凌乱。

那样丑怪滑稽的面貌其实并不陌生，街头有些被毁了容的乞丐就是那个样子……只是这个男人似乎更丑一些……他并不坐在街边乞讨，却像个异类在路人诧异的目光中神色不安地匆匆穿过街头。他来自哪里？要往何处去？他那张脸怎么啦？发生了什么事以至毁了他的面貌？是意外还是人为？他是否被人毁容还要做他人的奴隶？他也许也曾是街边的一名乞丐，却不堪被奴役驱使而奋力挣脱了魔爪逃到此地。然而，逃出魔窟之后又能怎样呢？有着一副那样的面容，在正常人之中恐怕也是难以生存的。他走到哪里，谁不被吓坏呢？会有人给他工作吗？餐馆会让他用餐吗？商场会让他进去吗？他能搭公车吗？如果他上公车，其他的乘客恐怕会吓得落荒而逃。真像戴了一副可怕却无法摘除的面具，恐怕他的家人也无法再接纳他了，就像卡夫卡《变形记》里的那个男人，变成甲虫后遭到了亲人的嫌弃憎恶。

有着一副那样的面容，还想在正常人中生活，恐怕得戴一副真正的面具才成，一具仿真人的面具，戴上后成了帅哥，只有自己知道面具下隐藏的是一副丑怪到极点的脸。只有独自一人夜深人静之时才敢摘下面具透透气，却永远不敢再照镜子，否则连自己都会被吓死。要有多大的勇气才敢站在镜前审视那张已经面目全非的、非人的脸啊！

如果换了自己变成了那副怪样，我不知道是否还有勇气苟活下去？怎么还敢再去见人啊？电影《夜半钟声》里的男主角被硫酸毁了容后，躲在教堂的钟楼里，再不愿见昔日的情人。即使戴着面具我也不愿再混迹人世。我想我要么自杀，要么躲进山林里，与野兽和鬼神相处，过着茹毛饮血的生活，让自己变成野兽和鬼怪的一员。

以前和学生分享蒙克的《呐喊》，我大概讲过这样的话：这样形状的人在真实的世界中是不存在的，只有恐怖片里才会出现。原来我错了。现在，这件名作又有了更丰富的内涵：如果我们突然之间变成了这副怪样，怎么可能不痛苦不恐怖不抓狂地发出尖锐的呐喊呢！

2015 年 12 月 13 日

静坐的必要

每天抽出约二十分钟的时间静坐，我以为对我们灵性的增长大有裨益。佛教徒会打坐，基督徒会祷告，但如果你不会打坐或祷告，可以选择静静地坐着。放下所有的事情，排除所有的杂念，清空你的内心，只是静静地坐着……这其实是一个放松和休息的过程。在这样的时刻里，你的感觉会比较敏锐，你会清晰地听见外界和内心的一切声响。也许还会有别的奇妙之事发生：神悄然来临，进驻你的心房，与你交流……当我们的内心躁动不安、一片混乱，我们是感觉不到神的，神也永远不会到来。现代人生活忙、欲念多，他们的内心难有片刻的安宁。即使有闲暇，他们也不肯独自静静地待一会儿，总要找各种事做以填满自己空虚的心，并且谓之以“充实”。我们就是这样拒绝了神，疏远了与神的关系，从而感觉不到他的存在。这是很可惜的。

事实上，只要我们让自己的心稍静片刻，在那里腾出一小块地方，神也许就会翩然而至，与你沟通，用圣灵浇灌你的心田。当你被圣灵充满，你的良善会苏醒、美好的情感会苏醒，各种奇思妙想即所谓的“灵感”也会纷至沓来……灵感的源泉，柏拉图认为是神灵附体，吾深以为然。没有灵感，艺术家创造不出什么作品；没有神的帮助，人什么都做不成。所以西方很多艺术家把自己的创造归功于神的帮助，越是创造出伟大的作品，他们越是谦卑地匍匐在神的面前。

无论是打坐，还是祷告，我以为都是为了与神取得联系的方式。为了与神保持亲密，犹太教徒要守安息日，基督徒要过礼拜日。犹太教规定，安息日这天教徒要放下一切工作，全身心用来敬拜神，工作是犯罪，是要被处死的。一星期你可以用六天来拼命工作，但至少要用一天来亲近神。如果从不休息，只是拼命地工作，我们的灵性就会被窒息，而罪恶就会在我们内心的各个角落滋生。所以安息日这天工作会被视为犯罪会被处死，这样的教规似乎也是可以理解的了。据说华人在海外非常勤劳，他们从不休息，他们的商店从不在节假日停止营业，以致外国人无法忍受而去捣毁他们的店铺。只懂得一味赚钱和崇拜金牛的人的确是可怕的。

亲近神，我们的心灵会更有能力，生命会更加强健。所以别忘了时时拿出一定的时间与神约会，别让自己太忙碌，别让太多的欲念与妄想占据我们的心房。现代人不懂“空”，但中国古人懂得“空”的妙处。“心斋坐忘”“涤除玄览”才能“致虚极，守静笃”，才能体会“天人合一”的境界。中国古人的这种修行方法，我以为也是亲近神的方法。

当你的心灵无欲无求地放松和敞开，神就会到来，用圣灵浇灌你。你的良善苏醒，美好的情感苏醒，各种奇思妙想纷至沓来，迷途的羔羊找到回家的路，漂泊已久的船也能安全地抵达港湾……

2016 年 1 月 4 日

辑三　虚实之间

星　夜

小柳和男孩坐在学校围墙外足球场边上的一片枯草丛中。草很高，几乎遮没他们。他们坐得很开，彼此间保持着约一米的距离。

他们身后一百米外，是学校的围墙，透过围墙，可看见整幢教学楼的正面、楼前的树木，以及教学楼背后宿舍楼的一角——那里透出温暖的灯光。他们前面不远处，是一片黑色的树林，左边两百米外，是一片庄稼地，庄稼地过去，是被黑色树林掩映着的村落，那里隐隐有灯火闪烁。

他们置身在野外。一道围墙，使他们与另一世界分隔开来。郊野很静谧，只有汽车在远处飞速奔驰的声音和校园宿舍楼上隐约传来的模糊笑语。

小柳从没试过和异性在无人处、在黑夜的郊野如此近距离地坐在一起，她不由得有些紧张，说话的时候声音有些不自然地提高。她不自然的声音在野外空旷的地方显得异常响亮，破坏了郊野的和谐与宁静，它甚至让男孩感到紧张。

“小声点，当心校警在附近巡查！”

虽然男孩一再提醒，小柳也意识到自己的声音太大，但那个晚上，她似乎无法控制自己的音量，她曾经数次试图压低自己的嗓门，但它最后还是会越来越高。小柳为自己的声音感到羞惭，她从不知道自己清晰清亮的声音原来会如此刺耳。后来，她停止了说话，她突然对说话产生了厌倦，再也不想说什么了。而一停下，她马上感到一种解脱和轻松；夜，也终于恢复了它的安宁。

有好长一段时间，两人没有交谈，只是静静地坐着。后来男孩挪了一下位置，坐得离小柳近了一点，几乎可以碰到她的肩膀。他们仍然没有说话，但气氛有些紧张。

沉默中，男孩忽然指着天边说：

“快看，有流星！”

小柳朝他所指的方向看去，果然有流星拖着长长的尾巴滑向天际。那一刻，她才注意到，原来这是一个繁星之夜，无数银色的小花在他们头顶的上空灿烂盛开。宁静的郊野之上，竟然存在着一个热闹非凡的世界。小柳望着星空，望着无数眨着眼睛的星星，感觉自己听见了星星们快乐的交谈。它们在谈些什么呢？也许在谈论她和他吧？它们在高高的夜空上已俯视他们许久，他们已成为它们的话题许久，而他们竟浑然不知。小柳感觉每一颗星星都在笑。

不断有流星从天际划过，男孩说：

“赶快许愿！流星消失前许愿美梦就能成真。”

小柳赶紧和男孩一起闭上眼睛默默许愿。良久，他们才睁开双眼。小柳不知道男孩许了什么愿，她没问他，他也没问她。小柳自己也不知道自己许了什么愿，她甚至不清楚自己到底有没有许愿，太仓促了，在她想好自己的愿望以前，流星也许早已滑落消失在美丽的群星之间。

他们一起默默遥望缀满星星的低垂天幕。

夜越来越深，寒意越来越浓。男孩坐得离小柳更近了，他开始试探着用胳膊去搂住小柳的肩膀。他们就那样紧挨着坐在一起。他们都没有说话，只是倾听汽车在远处奔驰的声音和校园高楼上隐约传来的模糊笑语。

“我可以吻你吗？”男孩突然问道。

小柳沉思了一会儿，点点头。她还不知道“吻”是什么，但它如果要来，她希望那是一个和星星一样美丽的吻。所以当她同意男孩的请求时，她是在等待一种诗意的降临。

男孩的嘴唇迅速而仓促地在小柳的脸颊上轻轻一印，算是完成了整个“吻”的过程。“吻”完小柳，男孩尴尬地笑了，他心满意足地、兀自兴奋地说着话。小柳心里却充满了失落，在接受“吻”的过程，她只来得及感受对方嘴唇的冰冷与干燥。“这就是‘吻’吗？”她想，“与小说电影里写的是多么不同！”难道“吻”不应该是热烈缠绵、激动人心的吗？但这个吻是那么简单粗率、毫无意义，没能在小柳心里激起任何感觉。她感到深深的失望，不知是对男孩失望，还是对“吻”失望。她沉浸在失望之中，再也听不见男孩在说什么了。良久，她轻轻说道：

“我们回去了吧！”

一路上，男孩搂着小柳的肩膀走着，仿佛他们已成了一对真正的情侣。他兴奋地不停地说着话，全然不觉小柳已游走在另一个世界。对于小柳来说，这个夜晚结束的时候留下了遗憾。美丽的星空下，没有一场与之相配的浪漫。

那以后不久，小柳递给男孩一张便笺，上面写着：我们停止往来吧。

小柳决定与男孩停止往来，当然并不只是因为那天晚上不完美的“吻”，主要是她始终找不到心跳的感觉。她还想起了男孩对她的“伤害”：他曾向她坦白，第一次约她，只是因为和同学打赌，后来才喜欢上她的。

小柳没能爱上那个少年，她始终没爱过那个少年，但那个夜晚郊野的宁谧、璀璨的星群、锦缎一般铺开的华美夜空，却永远镌刻在了她的记忆中。

2010年2月9日

方林和小柳

小柳读高二那年，隔壁班有个男生喜欢她。

他们第一次交往是在一个冬天的晚上。那天晚修后，很多同学都走了，小柳仍留在教室里学习。一个男同学从外面走进来对她说：

“外面有人找你。”

小柳纳闷着走到教室门口，却看到长长的走廊空无一人，她怀疑同学是否在骗她。她在门口停留了两秒，再迟疑着往前走了两步，然后就看见了走廊方柱后一个凭栏而立的身影。来者着深色衣服，昏暗的灯光下，他整个人几乎与夜色融为一体，再加上柱子遮挡，难怪小柳一开始没发现。

小柳向男子走去的时候，后者正面向楼外而立，不知是否在眺望远方的风景。教学楼前面种植着高大的乔木，路灯在树下发出昏黄的光。透过树木的枝叶，可看见几米外校园的围墙，墙外是与黑色郊野融为一片的足球场。

听见小柳走近的脚步声，男子转过身来，他手里拿着一本十六开那么大的书，书被卷成圆筒状。小柳认出是隔壁班的方林，经常在校园碰见，只是不曾打过交道。方林是个高大、成熟、帅气的男孩，以对女性殷勤而在全校闻名。但就是这样一个少年，在小柳面前还是显露了他的紧张与羞涩。

“是张小柳吗？”他有点明知故问。

小柳“嗯”了一声后，他开始自我介绍：

“我是方林，高二（3）班的。”

“叫你出来，有没打扰到你？”他颇为礼貌而周到地问道。

“当然。”小柳心里说，但嘴里却说，“没有。找我有什么事呢？”

“听赵老师说，你作文写得好，所以我想和你交个朋友，彼此交流一下。”

原来如此，小柳总算明白了他的来意。

他们站在走廊上聊了约半个小时，几乎总是他说、她听。但小柳其实一点都不知道他在谈些什么，她一心只记挂着功课。所幸走廊灯光昏暗，方林看不见她心神恍惚的样子。末了，方林说：

“那好，你先回去学习吧。”

小柳如释重负地走回了教室。她没把和方林的初次交往放在心上。

不几日，上晚修的时候，方林来找小柳。他站在教室门口，微笑着点名说要找“张小柳”。小柳在全班同学目光的注视下走出教室，她不习惯那样。她不知道方林这次找她又有何事。

方林说想请她到外面走走。

“现在吗？”小柳颇为踌躇，因晚修时间离开教室是违反纪律的。但不知为何，她觉得自己无法拒绝这个大男孩，当他那么诚挚、那么殷切地望着她的时候，她觉得自己无法拒绝。所以犹豫片刻后，她接受了他的邀请。

从隔壁班教室走过，看见里面灯火通明，同学们都在安安静静地学习，小柳心里忽然掠过一阵内疚，学习时间，她却用去和男孩子游荡。

走下楼梯、穿过校园，都不曾碰见一人，小柳大大地松了一口气。

他们不敢从校门出去，因校警把守门口。方林说翻墙出去。他们来到围墙下。他们打算要爬的那堵墙和校门同在一个方向，但一栋实验楼挡在校门和他们之间，遮挡了校警的视线，加之那个地方比较黑，不容易被人发现，小柳也就少了许多担忧。那堵墙原本开有一个圆形的门，就在他们站立的旁边，但一直锁着，早就弃置不用了——许是怕管理麻烦，也就形同虚设了。

小柳非常为难，爬墙实在不是淑女所为，她也不会爬。穿着紧身牛仔裤和皮鞋，她根本不可能爬上墙头。最后是方林抱着她的腿把她送上去，让她跨坐在墙头上。

小柳坐在高高的墙上，觉得非常不可思议。她一向是个好学生、乖乖女，从不逃课，更不曾翻墙逃学，然而今天几分钟内，这两件事她都做了。她不知道是什么魔力诱使她做出如此越轨之行为。小柳感觉高坐在黑暗中墙头上的女孩，与自己往昔的形象是多么不符！

方林很容易就爬上了墙头，然后轻轻一跃就跳出了墙外。看那身手娴熟的样子，显然他翻墙逃学已不是一回两回。他站在墙下，把手伸上来，叫小柳把手给他。小柳俯身把手递过去，接着就在他有力的扶持下安然无恙地落地。

跳下墙的刹那，一下置身在另一个世界——与墙内截然不同的世界，小柳忽然感到一种奇异新鲜的体验。一种强烈的刺激、一种对以往循规蹈矩的叛逆和逃离的兴奋在她心中油然而生。刚离开教室时那种因荒废时光而内疚不安的心情消失了，取而代之的是轻松和解脱。与教室里紧张压抑的学习气氛相比，外面的空气是多么清新、自由！

方林带小柳到镇上的游戏室去打枪。方林自己打了几次，然后让小柳也打。小柳眼睛近视，出来又偏偏没戴眼镜，因此连打几枪都没中目标，白白浪费了钱。小柳心里很不安，觉得自己很没用，她甚至感觉到了方林眼睛里失望的神色。

那以后，方林就经常给小柳写“情书”。说是情书，其实不过是写在便笺或卡片上的片言只语，措辞也不过是些普通的问候或吉祥的祝语。这些卡片和便笺总是通过班上的女生传送到她手里的。有时和便笺卡片一起送到小柳手里的，还有几块巧克力。方林也给小柳认真写过信，那是寒暑假的时候，信是寄到小柳家里去的。信里闪现过一些多情的字句，比如“庸人自扰”什么的，但从来不曾出现“喜欢”啊“爱”啊一类让人心动的字眼。由于方林的“情书”总写得“含蓄”而平淡无味，总不能在小柳的内心掀起波澜，至少不能掀起很大的波澜，因而小柳从未把方林写的东西放在心上，那些卡片、便笺她往往看完就随手乱扔乱放了。她从来不曾清楚地知道方林对她的情感的性质。

方林常托人请小柳去看他踢足球，小柳只去过一次。她坐在球场边缘的草地上，远远地看着方林在一群人之中卖力地争夺、追逐。球场很大，高大的方林在很大的球场中却显得很小。小柳不喜欢体育运动，尤其厌恶足球。一群人为一只球跑来跑去、你抢我夺，在小柳看来是一件无聊乏味的事情。花一个小时来观看一次足球赛，对她来说是非常受罪的。所以小柳看着看着，就心神恍惚起来，踢球的声音、人语的喧哗都离她越来越远，她虽然面对着球场，却已不知谁胜谁负了。

偶尔，方林会在晚上找小柳出去走走，比如，到镇上去。从学校走小路到镇上得经过一些菜地，还得从塘边的一条小路走过。那段路很黑，但走在方林身边，小柳一点都不怕。有时方林会让小柳在那段路上骑他的自行车，但小柳在夜色中看不清，加上不习惯那种车，一骑上去车头就摆得厉害，她就会赶紧从车上跳下来，方林则在一旁开心地笑。

小柳难忘和方林一次夜间的散步和谈心。那天晚上风很大，他们绕着足球场边走边聊。偌大的球场除了他们没有别人。学校后门的一盏路灯孤独地、昏黄地照着大半个球场，灯光之外是黑色的郊野。被灯光所照、被郊野所抱的球场，在黑夜中像个奇异巨大的舞台。远远望去，那两个不断绕球场步行的人则像在上演一出奇怪的戏剧。

他们绕着球场走了一圈又一圈，聊得很兴奋，因而也走得很快。他们简直不是在散步，而是在快走了。

依旧是方林说，小柳听。这一次，小柳听得很认真，总是及时地做出恰如其分的回应。方林大谈特谈他的梦想、他的苦闷，谈他如何给一个电台自己喜欢的节目的女主持人写信，又是如何惊喜地收到对方的回信，以及后来彼此又是怎样书信往来的故事等。

他们不知谈了多久，绕球场走了多少圈。当他们终于走得热了、累了、乏了，他们就来到足球场边上的几棵大榕树下歇息。小柳背靠着树站着，双手插在大衣口袋里，方林则站在她面前约两米外。风很大，一旦停止了步行，他们都感觉有点冷。方林外面只穿了一件长袖衬衫。小柳说：

"过来一点吧，那里风大。"

方林于是向小柳走近了几步。方林的一只手撑在小柳身后的那棵树上。

榕树下虽然很黑，但借着夜色和远处的灯光，小柳依然能清晰地看见方林整张脸的轮廓，看见他细长的眼睛在夜色中明亮地望着她。小柳也仰脸望着他。她上身有点后倾，倚靠在树上，双手插在大衣口袋里。她就那样微微仰着脸，望着。一种奇异的体验使她有好一会儿在夜色中定定打量那一张脸，就好像初次看见。

他们在黑夜中对望，相互凝视，一时间没了话语。刚才步行时兴奋的交谈突然间停止了。也许要说的话已经说完了；也许此刻，应该说点别的。但大家都没说，似乎都不知说什么了。那一刻，他们之间只有凝望、只有沉默，而一种东西，在悄悄逼近。

小柳忽然感到紧张和不自然，她不习惯这样。继续沉默和凝望下去会怎么样呢？凝望和沉默再持续久一点会发生什么呢？小柳终于说：

“很晚了，我们回去吧！”

“好的。”方林仿佛才刚回过神来。

几个月后，方林离开了学校。高二没念完，他便停止了学业。他家为他在城里的一间银行谋到了一个职位。

高二第二个学期期末，小柳到城里参加中学会考。方林知道后，托他两个要好的女生无论如何要陪小柳到他家去一趟。那天傍晚，小柳和那两个女同学打摩的去了方林家。方林向她介绍了自己的家人，也向家人介绍了她，还带她参观他的家。小柳很不自在，觉得怪怪的。只有拥有恋人的身份，才能享有被介绍给对方家人的殊荣吧，她想。

那天晚上，方林陪她们几个去逛了公园，还陪她们到湖上泛舟了。小柳知道，他所做的这一切，都只为她。

又过了半年，小柳又一次到城里参加中学会考。一到城里，小柳就给方林挂了个电话——这也是方林在信中叮嘱的。方林很快就赶过来了，他是开着一辆漂亮的摩托过来的。他打扮得很帅：雪白的衬衫、红色的领带、笔挺的西裤、锃亮的皮鞋，头发梳得很光滑。面对着方林崭新的形象，小柳忽然感到很不自然。相形之下，她感觉自己的打扮像个灰姑娘。她还是半年前那个朴素的女学生：乌黑发亮的秀发，皮肤白皙、双颊桃红，但身上穿的，依然是方林所熟悉的：已经洗白的淡绿色的牛仔裤、黑色拉链带帽的灯芯绒外套。而这，是小柳最好最喜欢的衣服。

方林一直微笑地望着她，叫她坐上他的摩托。她坐在他的身后，与他保持着距离。他们一起吃了一顿午餐。

那以后，他们再也没有见过。他给她打过几次电话，但再也没有见过。渐渐地，他们就失去了联系。

2010 年 2 月 16 至 19 日

重　逢

经过四处打听，我终于在黄昏时分找到了那所房子。它静静地矗立在春天傍晚的薄雾中，仿佛在等待着什么。那么多年过去了，它的外表有了一定的改变，显得有些破败和陈旧，但原有的样子还在。如果不是村子的变化太大，我不一定要问人才能找到它的位置。

屋檐在滴水，刚才下过一场雨，水珠从高高的屋檐上落到地面的水坑里，激起水花，不时发出滴答的声响。雨后的空气清新甜美。

房子旁边有一块用竹篱围起的菜地，地里泥土湿润，生长着各种蔬菜，香芹、芥菜、白菜、西红柿、韭菜等长势良好，非常喜人。兰豆的藤蔓攀墙而上，为那面黯淡的墙增添了不少春色。篱笆下的野菊无声而热闹地盛开，形成了一道亮丽的风景。

房前的空地有一棵高大的榕树，枝叶繁茂、遮天蔽日、独木成林。那不是当年我和敬之他们一起种下的吗？我挖坑、敬之施肥、若木浇水……往昔的情景又浮现在眼前，那些欢声笑语又回响在耳畔。一晃那么多年过去了，小树早已成荫。

我抚弄着榕树垂下的枝叶，以掌心去感受那粗大的树身所传达出的来自大地深处坚不可摧的生命力。我欣赏着那从高高的树干垂下的一把把“树须”。俨然这树也已成为了一名“老者”。

一切还有着当初的影子，一切又早已不同。这熟悉的陌生却依然给我以亲切之感。

只是不知故人是否一切安好？

百感交集之中，我怀着激动和不安的心情叩响了那房子的门扉。

门是虚掩着的，我听见里面有脚步和模糊的人语声。

门开了，一个三十出头的妇人站在面前。她中等身材，面皮白净，容貌秀丽。

“先生，您找谁？”看到我，她有些疑惑地问道。

“请问这是杜若木的家宅吗？”我问，心想，这是若木的妻无疑。

“对，请问您是？”

“我是他先父的朋友，我姓李，名益。”

“哦，李先生，您快请进！”

妇人一边把我让进屋，一边往里头喊：

“相公，有客人来啦！”

随着一阵坚实有力的脚步声，一个汉子出现在我的面前。

乍一看到对方，我们都有一瞬间的愕然，因为都有点认不出对方了。二十年，多少光阴从我们身上碾过、溜走，岁月在彼此身上都留下了痕迹。他已不复当初那个文弱秀气的少年，他已长得壮实，皮肤也不再白皙，两鬓已现白发，面容有了沧桑。我也不再是当初那个正当盛年的男子，年岁和艰苦的生活已摧残了我的身体和容貌，如今，我是个须发花白、满脸皱纹的干瘪老头。如果走在路上，恐怕大家都难以认出彼此。所以难怪对方刚一见到我时一脸的困惑和茫然，他大概觉得我似曾相识，但仓促间却想不起是谁吧？

“若木，见到你的李益伯伯还不问候吗？”我微笑着向那还在记忆中搜索的男子说道。

“啊！对！是李伯伯！”若木仿佛这时才从梦中醒来，他大声说着，向前迈了一步，握住了我的手。

“伯父，真想不到啊！”他由衷地感叹。

“是啊！谁能想到我们还会有见面的一天呢！”

“我们多少年没见了？”

“整整二十年！”

“人生是多么短！而二十年又是多么长！”

我们就这样站在门口执手寒暄，久别重逢的激动和喜悦使我们忘乎所以，直到站在一旁的妇人提醒：

“相公，还不请伯父到屋里坐吗？坐下再谈。”

若木才知道自己失态，忙道：“伯父，快屋里请！”边说边把包袱从我的肩上卸下来，递给妇人。

刚在热乎乎的炕上坐下，妇人就端来了热水。待我洗罢风尘，妇人就撤下脸盆，端上茶来。热气腾腾的碧绿的茶水，散发着淡淡的清香。

“伯父，先喝杯茶解解渴，暖暖身子，一路辛苦了。”

端起茶杯，啜了口茶，清香的茶水刚穿肠而过，我就顿觉神清气爽、精神倍增。

若木赶紧起身给我续茶：

“伯父，您这次是从哪里来？准备往哪里去？”

“我从华州回洛阳老家探亲，再从洛阳准备返华州，经过此地，就顺便拜访故友。真没想到还能重游旧地，还能来这里，还能在此见到你。那么多年，我差点连路都不认得了。”

啜了一口茶，沉吟了一会儿，我继续说道：

“可惜敬之兄先我一步而去，竟没能见上一面。你写信告诉我他故去的消息时，我尚在流放的途中。”

“是啊！这是令人抱憾的事情。没想到二十年前的一别，竟会是永诀！家父在世时，常念起你，说起你们旧日的情谊。他临死前很想再见你一面。”

若木话毕，我们一时无语，气氛有些悲伤。

良久，我问道：

“不知昔日我和令尊的那些故友是否安在？”

“他们也老的老，病的病，去的去了。”

“良安兄不知是否健在？”

"几年前，他得了不治之症，去了。"

"哦，没想到，当年他的身体那么好！我们曾经结伴同游齐、越等地，他的精力总是那么充沛，竟也有被摧垮的时候。那么，你常新叔还好吗？"

"两年前，他摔断了腿，久治不愈，也去了。"

"啊，没想到！他比我小多了，是当年我们中间最年轻的一个，不料他也撒手人寰。那么，慕年兄还安在吗？"

"很不幸，他也走了。"

"哦！"我深长地叹息了一声，没有再问下去。当年的"西山七子"，恐怕差不多都已奔赴黄泉，即使还没有上路的，也在做着准备了吧。回想当年，我们七人一起游山玩水、饮酒赋诗、畅谈怀抱，那时我们多么年轻！对人生有着多么美的憧憬！昔日的情景还历历在目，那些豪情壮语还言犹在耳！可转眼我们就老了，甚至还来不及实现那些美梦、那些理想、那些抱负。一切不过是泡影，人生也不过是一场梦！我有些激动了。

"伯父这次回洛阳探亲，不知伯母、侄儿他们是否一切安好？"

若木的问话把我从沉思中唤醒。我"唉"了一声，答道：

"这些年，他们跟着我东奔西跑，不知吃了多少苦。在颠沛流离的途中，孩子饿死的饿死，病死的病死。如今只有一个儿子跟着你伯母留在洛阳。我想着在华州的境况好些，再把他们接过去。他们母子二人独自生活，孤苦无依，甚是凄凉。"

谈话间，我看到门外有两个十岁左右的小孩在探头探脑往里看。他们好奇地偷看我，想进屋来，又害羞胆怯不敢。我知那是若木的孩子无疑，便问：

“孩子那么大了？一共生了几个啊？”

若木才仿佛恍然想起什么，说道：

“您看，我都忘了向您介绍我的家人了。这两个是我最小的孩子，刚才那个是贱内，孩子他妈。容儿，靖儿，过来见过李爷爷。”

两个孩子就进屋来向我问安行礼，然后就笑着跑开了。

“最大的孩子今年十八了，和当年的我同龄。他上学堂还没回来。”

“想当年你还没成亲，一转眼就儿女成群了！”我感叹道。

谈话间，暮色已经越来越浓地侵入室内，屋里的光线已经很暗了。若木把桌上的灯点亮。当灯光点燃的刹那，整个房间就沐浴在一片柔和温馨的氛围里，外面的世界远去了，外面是无边的黑，而整个世界仿佛浓缩成了这样一个温暖的所在，仿佛就只存在于这昏黄的灯光所浸浴的一小片空间里。

屋外不知何时下起了雨，淅淅沥沥敲打着屋顶，敲打着窗外的芭蕉叶和竹叶。在这样下着雨的寒冷的春夜，能安坐在点着灯、燃着火的小屋里，是多么幸福！在这样的雨夜，能在一间温暖的小屋里听雨打芭蕉的声音，是多么幸福！在这样的夜晚，能听着雨声与故友叙旧，是多么幸福！在我颠沛流离的一生里，这样温馨、安静、幸福的时刻是不多的呢！今天是什么日子，竟能与阔别多年的朋友重逢，还能与之在温暖的火光下促膝闲谈！我隔着灯望着若木被火光照亮的面容，竟疑心自己是否在梦中。

晚饭准备好了，妇人端上热乎乎的饭菜和烫好的酒。一碟豆腐、一碟花生米、一碟韭菜，一大盆水煮牛肉。若木一家和我围坐桌前。热气蒸腾的饭菜、醉人的酒香、暖意融融的氛围，使我这个饱受羁旅之苦的人备觉温暖。

若木给我斟满一杯酒，也给自己的杯注满，然后举杯对我说："伯父，今天太高兴了！没想到阔别多年我们还能再见。人生难得几回聚，今夜我们要一醉方休。来，首先为我们的久别重逢干杯!"

说完，若木一仰脖子喝了一杯，我也滋溜一声喝完杯里的酒。那新酿的黄粱酒一入口齿颊生香，一入喉酒气就直往鼻子冲，一下肚，周身的血液都加速循环，全身一下就暖洋洋的了。

若木又把我们的杯注满。

"来，伯父，吃菜，喝酒。难得一次见面，明日一别，又不知何时再聚，所以今夜我们一定要尽兴。人生难得几回聚，人生难得几回醉啊!"

若木频频敬酒，我也频频回敬。雨还在下，外面的世界漆黑一片，但屋里却充满光明和温暖。灯光、火光，美酒和朋友深长的情意把潮湿、阴暗和寒冷关在了外面。

若木的妻儿早已离席，只有我们两个还在继续，直到所有的菜肴都被消灭，酒一滴不剩，我们还意犹未尽。

深夜，我躺在舒适的床上，静听着细雨敲打着屋顶，敲打着蕉叶、竹叶、榕叶、菜叶……细雨渗进泥土，滋润着大地。整个世界除了一片沙沙的声音，再没别的声响。多么静谧的夜！多么美好的夜！而明日，我又要踏上征程，我又将在关山之外……

2012 年 8 月 30 日

把灵魂押在赌桌上的人

哥哥照镜子的时候看见了一个陌生的男人，那男人身材矮胖，面容憔悴。他的脸色晦暗，皮肤松弛，眼皮浮肿耷拉，眼睛布满血丝，眼睛周围是一圈很大的黑晕，那黑晕有逐渐扩大的趋势，仿佛水中就要荡漾开来的涟漪。那黑晕使眼睛显得很黑很深，还有点狰狞吓人。哥哥已经很久没有照镜子了，看见这个陌生男人的时候，委实吓了一跳，继而感到一阵尖锐的痛苦，那痛苦突然袭来，几乎把他击倒。他闭了闭眼睛，然后鼓起勇气再次睁开。眼前这个衰老、丑陋的男人，使他痛苦。他不敢面对他，不敢直视那双眼睛，正如他不敢面对自己的灵魂。

他知道这个衰老而丑陋的男人是他夜以继日、日以继夜地在麻将桌上奋战的结果。无数个日夜，他危坐于麻将桌前，像只注意力高度集中、精神极度紧张的猎犬。他的眼睛全神贯注、片刻不离地盯着每一张牌，耳朵则凝神谛听着来自四面八方的每一个细微的声音，他眉头深锁，脑子却在不停地运转。他有时大获全胜，有时又满盘皆输，心情也因此时而欣喜若狂，时而沮丧落寞。他就是在这种胜败与输赢、狂欢与落寞之间起伏跌宕，体验并醉心于那种极度兴奋和极度沮丧的快感。与此同时，他一支接一支地抽着烟，制造着大量的烟雾，把自己深埋在其中，在浓浓的烟雾中紧锁眉头，深深思考。那些烟圈一层一层地荡漾开来，像水中的涟漪，一下子就弥漫了整个房间。在不断的吞云吐雾中，他的外貌、体形也在悄悄发生变化。每一个烟圈的再生，都使他的体重增加一点，都使他的皱纹多生一条，都使他的黑眼圈扩大一些……等云烟终于散尽，终于可以看清他的面目，他就已经是镜中那副憔悴不堪、萎靡不振的模样了……

悲凉如水一样包围过来。“从前的自己已经远去了。”他摇了摇头悲哀地想道。他已经迷失在都市的森林里。

从前的自己不是这样，刚大学毕业的时候他还与麻将无缘。那时，他意气风发、踌躇满志，只想干一番事业，早日飞黄腾达好衣锦还乡。起初，他在一家大公司里供职，当一名小职员，领一份不算丰厚的薪水。他很努力地干了差不多半年，忽然就感觉这份工作的无趣。这间公司好比汪洋大海，一跳进去就被淹没了，他只能做大海里一条默默无闻的小鱼。他在这个大海里游来荡去，却无法施展自己的抱负。急于飞黄腾达的他没有耐性领那点薪水然后坐等晋升，他必须早日发达做腰缠万贯的大老板。加上他工作的地方比较偏僻，生活单调、娱乐缺乏，这也是生性贪玩、喜欢热闹的他无法忍受的。于是，他卷了铺盖就扬长而去。

他想过找几个伙伴合作经营生意，但这些想法最后都因为资金和其他方面的原因而流于破产。他不得不再次栖居人下。这一次，他选择的是一家小公司。至今我都不明白哥哥为什么舍弃赫赫有名的大公司而进了这里。是跳出大海以后没有更好选择，退而求其次？哥哥这次工作的地方更加远离市区，他的办公室设在一家酒店的一个单人房里，那里同时也是他的寝室。他的主要工作就是接听客户的来电并与之打交道。他每天的神经都高度紧张，因为电话随时有可能响起，随时都有可能打断深夜中的酣睡。他日复一日地重复着这种单调的生活，日子相当乏味。而他居住其中的酒店却夜夜笙歌，晃动着红男绿女的衣香鬓影，每晚上演着灯红酒绿、纸醉金迷的故事。在这样的环境中，人很容易堕落，但那时的哥哥，却还有着足够的意志来守住他的清贫和寂寞，也有足够的意志抵御外界的各种诱惑。然而哥哥却常常陷进入不敷出的困境，这种“困境”是由于他的“慷慨”所造成的。出于应酬和交际的需要，也出于“面子”的需要，他常常宴请客户和朋友，总是带他们到非常讲究的酒店，让他们感觉心满意足，他认为这也是对事业的投资。一方面，哥哥心疼钞票的大量流失，一方面又陶醉于自己的豪举。这种豪举是从中学时代就已养成的了，那时他用着父母的血汗钱来显示着自己的慷慨和大度，以此满足自己的虚荣心。他喜欢在众人中获取“豪爽”的声誉，喜欢那种挥金如土的感觉，喜欢别人因他而欢天喜地。就这样，他所挣的微薄的薪水还没放进口袋就已从指缝间流走了，根本无法积聚成财。他又一次面临着出路的问题，必须找到一条更大的财路，必须赚取大把的钞票，因为这个城市充满了欲望，而每一种欲望的满足都离不开金钱。

为了寻找理想中的康庄大道，他开始奔走于几座城市之间。他不停地更换着工作。因为每份工作都不符合他的理想，都无法迅速积累财富，所以他不停地寻找又不停地抛弃。在不停地寻找和放弃的过程中，他开始感到迷茫。在这个欲望蒸腾的城市里，在这个物欲横流的城市里，在这个充斥着大量商富巨贾的城市里，何处才有他的安身之地？那些金碧辉煌的高楼大厦，哪一扇窗为他而开？川流不息的车辆中，哪一辆他正在驾驶？出入于高级娱乐场所的名士淑女中，正在走动的哪一个是他的妻子？在夏日午后阳光耀眼的街头，他站在摩天大楼底下，感觉自己卑微渺小得有如一只蚂蚁，只是无数行色匆匆、为生计疲于奔命的行人中的一个。

生命在这种毫无意义的奔波劳碌中逐渐耗尽了，他囊空如洗、一无所有，却把这一切归罪于自己的命和不好的运气。他是有才能的，只是命乖运舛而已。

事实上，他的事业曾经有过一段昙花一现的辉煌，然而，这短暂的辉煌给一个女人葬送了。那个女人因爱成恨，撕毁了他所有的订单，她撕毁那些订单的同时，也撕毁了他们的爱情，同时也摧毁了他的事业。他生命和事业的黄金时代就这样一去不返。

后来，他一再努力地想挣扎爬起，都没有成功。他又开始了漂泊不定的生活。他坐在公共汽车上，坐在长途汽车上，在风尘中跑来跑去，像一只无线的风筝，如一叶无根的浮萍，随风飘荡，完全找不到自己的方向。渐渐地，他迷失了，找不到来时的路，也无法另辟蹊径。这样跑来跑去，有一天，他突然疲倦了，雄心壮志渐渐消磨殆尽。他感觉自己走向衰老，再也无力把握自己的命运。

每天回到寓所，疲惫不堪的他唯一想做的事情就是打开电视。他从不看书，已经很久没有看过书了，房间也找不到任何一本可看的杂志。他意识到自己需要学点什么，但精神难以集中，意志也难以持久。他唯一能够自始至终地集中精神去做的事情就是：搓麻将。在多年漂泊不定的生涯中，他终于找到了这一项生命的最高乐趣，它甚至比女人还有魅力。它是唯一能消除疲劳、缓解神经的有效方法。一旦坐到麻将桌前，青春与活力就马上回到他的体内，使他久久恋战而不知疲倦。刚开始他还为自己辩解：小赌怡情。可渐渐地，他越陷越深。多少次，他想走出这个泥潭，但每当他打算这样做的时候，就感觉潭中有一只温柔的手拖住了他的腿，还有一个魅惑十足的声音在耳边回响：不要走。他欲罢不能，到最后无法自拔了，干脆就让自己沉醉不醒。在这里，宠辱皆忘，名利皆抛，事业、家庭、女人、责任、未来……统统可以不想不管不顾。他为此蹲过拘留所，也为此丢过无数份工作，但他已经无法回头，已经走不出这个泥潭，他需要它赐予快乐、刺激，也需要它赐予好运和金钱。

哥哥在镜中看到了一张女人的笑脸，那是墙上的一幅照片。他愤愤地走过去一把扯了下来，撕成了两半。

“见鬼去吧！”他咆哮道。

照片里的女人刚和他分手。那个爱慕虚荣的女人，那个整天向往着过上流社会生活的女人最终离开了他。她在这个贫穷、嗜赌而且日益衰老的男人身上看不到未来和希望，所以走了。她曾经爱过这个男人，愿意和他挨几年清贫的日子，可时间一天一天地过去了，除了得到一颗不再年轻的心以外，她得到了什么？在流着泪去拘留所给他送饭以后，在无数个夜晚守候着他归来以后，在她怀了孕而他无动于衷以后，她的爱就慢慢冷却了，消失了。最后，她黯然神伤地离开。

哥哥想起了生命中的一些女人。他想起了他的初恋。那是大学的同班同学，一个修长美丽的女孩，出身娇贵的女孩。哥哥曾经如痴如狂地爱过她，为她心动心碎不下一千次。可在心爱的女孩面前他却掩饰不住深深的自卑，他既不高大，也不英俊，而且出身还贫穷、卑微。但他无法不爱她，他用生活费买各种礼物、买大束大束鲜红的玫瑰以讨她欢心。可最终，他还是没能走进女孩的心间。从此以后，他就发誓将来一定要有钱，还要有地位，他相信金钱和地位能使他高贵而且魅力十足。

第二个女人是中学时代的笔友，他们写了七年的信。大学毕业那年，女孩飞来看他，他们的爱情就这样开始了。哥哥在事业失意、落寞之时曾经一度南下投奔她。那时她是一间服装店的老板，生意十分红火。哥哥一边寻找着机会一边给她洗衣做饭。可那个女人渐渐失去了耐心和信心，他们经常爆发争吵，一段感情在争吵中结束。哥哥后来常说：“如果我有钱，她敢这么大声跟我说话？吭都不敢吭一声。”他决心要报复那座城市。

第三个女人把他从事业的顶峰推了下去。一开始，哥哥选择这个女人并不是因为爱她，而是看中了她的家庭背景，他认为这个女人的家庭对他的未来意义重大。而这个女人却爱他如狂，她疯狂的爱里面有着强烈的占有欲。这个浅薄的女人，除了对逛街、购物、打扮和男人感兴趣以外，其他的一切均引不起她的兴趣。她既不看书，也不看报，从不听音乐，更不看电影，对电脑也是一窍不通。她的生活极度空虚无聊，所以，对男人的依恋成了她唯一的精神寄托。她的爱是一种强烈的占有，她不许自己的男人和别的女人暗送一个秋波，不许男人对别的女人说一句俏皮的话，否则她就嫉妒吃醋得发狂。她监视着男人的一举一动。男人出去交际应酬，去和朋友吃饭聊天，她都要寸步不离地跟着；如果男人去桑拿按摩洗头了，回来她就大发雷霆地大吵大闹。哥哥对这个庸俗的女人越来越厌倦，越来越无法忍受。女人于是就对哥哥的厌倦和无法忍受进行了疯狂的报复，她到处诋毁哥哥的声誉，她冲到哥哥的办公室去吵吵嚷嚷，最后，她还撕毁了哥哥所有的订单。这是致命的一击，他们的故事随着这些纸片的破碎而飘散。哥哥却因这段感情付出了高昂的代价，他不仅被公司解雇，还赔偿了一笔钱，从此，他的事业一落千丈。他深刻地领会了“女人是祸水”的古训。女人，除了把你口袋的钱掏空以外，还会给你什么好处？

最后一个女人比他小八岁。起初，他们还算情投意合。可哥哥的收入难以满足她对上层生活的日益向往。她要过有品位的生活，服饰要名牌的，要有房子小车，要经常出入高级娱乐场所……哥哥难以忍受她的虚荣，也看不惯她整日和大堆男女混在一起。而且，相对久了，之间可谈的话也越来越少。生活是如此乏味，连他们的爱情也渐渐乏味了。他们待在一起亲昵聊天的时候逐渐减少。现在，哥哥已经很难对女人产生持久的兴趣了，他永远始终如一对待的“情人”只是：麻将。他常常深夜不归，沉醉在这个“情人”的怀抱。而家里，另一个女人则夜夜望穿秋水、独守冷清清的空房盼他早点归来。

哥哥的嗜赌和冷漠最终摧毁了他最后一份爱情。有时回想，他感觉心酸，在这个寒冷的尘世，还有什么比爱情更能温暖他饱经沧桑的心？在这个冰冷的世界里，其实他多么需要女人温暖的怀抱。他需要她们，却又从不好好珍惜，或者是无法珍惜。他不知道是什么原因使他难以把握住一份爱情。这些女人仿佛只是他生命中的流水……

哥哥洗了一把脸，想把这些女人从记忆中洗掉。没有女人他倒不大在乎，单身更加自由自在，没人监视没人管束，做什么都没有人在一旁指手画脚，通宵达旦地打麻将也没人哭丧着脸对你抱怨。他是不在乎的，可是有人在乎，远在千里之外的父母在乎，他们早就盼他成家立室了。

想到父母，他忽然感到心酸和惭愧。他曾经是他们的骄荣。他们辛辛苦苦供他读了那么多年书，就是希望他将来有出息，希望他大学毕业以后能够衣锦还乡、荣归故里、光宗耀祖，为他们脸上争光。无数次，他在众人中眉飞色舞、天马行空地夸夸其谈时，父母就在一旁像喝了酒一样陶醉，像吃了糖一样甜蜜。他们没有理由相信自己的儿子没有出息。可那么多年过去了，他为他们做过些什么？孝敬过他们吗？他连个儿媳妇都没能为他们讨回去。他不但没有出息，还堕落成了一名无可药救的赌徒。

然而，他不是没有努力过，他努力了很多年，他想过干一番大事，挣很多钱，让父母住上好房子、过上好日子，他想好好报答他们、孝敬他们。可是，时运不济啊！成为赌徒也是人在江湖，身不由己啊！他这样宽慰着自己。

忽然想起很多年前，想起他还很小的时候，还在幼儿园的时候，他常常坐在幼儿园低矮的围墙上，望着远方的田野和村庄出神，别人问他怎么了，他就闷闷地回答：

“我想读书。”

童年那双眺望远方的眼睛隔着二十多年的时空和千山万水与他遥遥相对。

他还想起了中学、大学时代，那时他已在城里读书，他开始变得轻佻和浮躁，学会了追求时髦和享受，还学会了挥霍父母的血汗钱……

他想起了他的雄心壮志，想起了他的奋斗和行踪不定的生涯……

想起了那些女人们和他的沉沦……

也想起了父母……

他想从赌徒的泥潭中走出来，可走出来以后，今年春节回家的钱哪儿弄去呢？他已经两年没有回家了，因为没有钱他没脸回家，可是今年无论如何都要回去了。除了再去碰一次运气，还有什么办法？

最后一眼看了镜中那衰老而丑陋的男人，他发誓永远都不照镜子了。这样想着，他带上了门，走进了阳光照耀下欲望的城市。他走进了这座城市的欲望之中……

写于2006年初

历险记

我记得当时我是和好几个儿时的伙伴在一块的。我们聊着天，走在路上，是那种乡间的泥路，高低不平、蜿蜒曲折，路边的坡地上种满橡树。后来，其他人都不见了，只剩我和丽霞两个。我不知她们去了哪里，怎么突然消失了？我努力地回忆，终于模糊记起，她们先行一步到某个地方去打探什么消息，我和丽霞留下来等她们。等了许久不见人回来，我们就不再等，而决定到镇上去。

我们想坐村民的车上路。只见很多人在等车，每个人都很着急，因为人多而车只有一辆。我也为自己能否挤上车而忧心忡忡。到要买票的时候我才发现口袋没钱。我们别无选择，只能徒步前往。

穿过村子的时候经历了一些磨难。最可怕的是被两条恶犬拦路。一白一棕黑的恶犬，白的挡在我前面，甚至咬住了我的裤裆。在那样的情况下，我别无选择，只能一脚踹开它，然后拉着丽霞夺路狂奔。真不知自己哪来的力量和勇气。

我和丽霞没命地逃，终于甩掉了那两条恶犬。当我停下来喘气的时候，却发现自己的爱犬 Jenny 不见了。我环顾四周，没见她的身影；我呼喊她的名字，不见她出现。我难过而沮丧，但也不可能再回头找她了。

我们继续赶路，在荒山野岭里马不停蹄地走着。我们很害怕，总感觉后面有什么可怕的东西在追赶。从悬崖下的一口深潭经过时，我回头寻找丽霞，发现她正贴着崖壁踩着潭边的石头涉水而过。为了保持身体平衡，她伸直双臂，两手各拿一块沉重的砖头，背贴崖壁小心翼翼地在石头上行走。我真替她捏一把汗，不明白她为何选择那条路。我提心吊胆地看着她，只见她突然失去了平衡，一头栽进了水中。她在水里大呼救命，我急得像热锅上的蚂蚁。我可不会游泳啊。正不知如何是好之时，水里冒出一对男女，把丽霞安全地送到岸上。

我们继续上路，来到了一个类似城中村的地方。那里楼群密集，街道狭窄，光线昏暗。我正纳闷这是什么地方的时候，发现丽霞不见了。我四处寻找，却终究没能再见她的身影。她的突然失踪使我感到这地方气氛诡异。我环顾周围，没发现有什么人，到处都很昏暗，寂静中有令人不安的存在。恐惧使我想立马离开这地方，但我不能，一是因为不知道如何离开，我已迷路了；二是因为不能把丽霞留在这里，我得找到她。于是我继续在村子里转悠。这样走着的时候，我发现这一带有很多餐馆、旅馆、酒店，但里面都没怎么亮灯。天还太早了。有几个男人在附近走动。我观察着周围的情形，忽然明白，这一带是“红灯区”，是三教九流的聚集地。我不安地穿行在那些狭窄的巷子里，发现一些屋子里有很多男人，他们的表情和举动都很可疑。他们注视着过往的行人，只要一看见女人，就会开门把她们拉进去。有一次，我差点被他们拉走了，但侥幸得以挣脱逃命。于是我明白，丽霞就是这样被他们拉走了，她会被他们强暴，然后会被逼为娼妓。她以后的命运不堪设想。

有两个女人带着一个小孩在前面走着，看样子不像是村民，倒像是外来的游客。我于是过去跟他们搭讪，想从她们那里多了解点这个村子。可是当我告诉她们我的朋友失踪了，她们的表情一下就变得紧张不安。她们用一种很奇怪的眼神看了我一眼，没有说什么，慌张地继续赶路，仿佛急于摆脱我。

越来越多的人涌到这个村子，他们背着背包，步履匆匆，全都沿着那条路朝同一个方向走去。很多人走在那条路上，但没有一点声音，他们只是埋头匆匆赶路，不知要去向哪里。

我才知道这里原来是著名的景点，可这些人来这里干什么？休闲、度假？旅行、探险？还是进行什么交易、勾当？他们知道这里显赫的声名之下所包藏的污秽吗？知道那些阴暗的角落里所进行的可怕勾当吗？他们知道那些卖淫、嫖娼、强奸、勒索、抢劫、敲诈、谋害、凶杀吗？他们知道自己离这些罪恶、堕落和危险有多近吗？他们知道自己正在魔窟之中吗？他们知道自己随时有可能被迫去卖淫、去抢劫、去烧杀淫掠吗？他们知道自己很可能再也回不到过去的生活，而命运从此会变得无可想象的悲惨吗？

我随着人流盲目行进，发现自己正行走在村子边缘的一条路上。这时，我无意中看见了大海，就在我的右方，在我行走的那条路的不远处。开阔的海平面，海边有悬崖峭壁，沙滩上有古怪的礁石。如果在蓝天丽日下，那海景一定很美，可天空却阴沉昏暗，海水也阴沉昏暗，这使大海显得阴森恐怖，海天之间充满不祥的气氛。当海水翻腾、恶浪汹涌，大海就成了一个张开黑色巨口的怪物，仿佛随时会扑过来把你吞掉。我吓得几欲拔腿狂奔。我还看见远远的沙滩上有成千上万的绿人在奔跑，朝同一个方向，他们小如蚂蚁，而数量惊人。

我不知道自己怎么来到了一个房间，也许是被人领来的，也许是被人强迫关进来的。房间里摆了几张小小的架床，除了床，什么都没有。我躺在靠近门的那一张。这时，门开了，走进一个女孩，竟是失踪的丽霞！不，不对，她的样子是丽梅，不是丽霞。可丽梅怎么会在这里？她是丽霞，一定是的，可是她怎么变成了丽梅的样子？我看着她进来，经过我，走到里面去。我们彼此都没有招呼。她是没看到我，还是看到了也并不诧异？我们没有交谈，没有询问对方是怎么来到这里的。她后面跟着一对男女。男的很年轻，很帅。那男的是她的“客户”吗？可他身边不是有个女的吗？那男人站在我床前时，我对他说：“我还没到那岛上去过。”他听后说：“等那个军官到来，我让他带你们去。”说完他走出了房间。

接着，进来一个身披黑色斗篷的人。他一进房间就在我面前两米远的地方站住。我半躺在床上看着这个不速之客，只见他从头到脚都是黑的，他背光而立，斗篷上的帽子罩在头上，身后的白色光芒刺得我几乎睁不开眼。我看不清他的脸，那脸完全淹没在黑暗中。我只看见一个黑色的身形，它静立在我的面前，显得高大、威严而神秘。

这个黑色的影子在我面前静立片刻，然后向我走来，坐在我床边。显然，他是奔我而来的。当他坐下，他把罩在头上的帽子拿掉，然后转过头来看我，于是我看见了一张很平庸的男人的脸。

我不搭理他，这让他觉得很无趣。他起身离开。接着，进来一个女人，她径直来到我床边坐下，然后开始动手脱我的衣服。我没法反抗，只是朝男人那边扬了一下脸，说道："他得洗个澡吧!"那男人于是很乖地出去洗澡。女人也走了。我躺在床上思量着自己是否也要去洗个澡？这么想着的时候，我已经看见自己走出了房门、穿过走廊，向公共浴室走去。

2014 年 3 月 1 日

荒诞的旅程

快要吃午饭的时候，姐姐抱怨说回来这么些天哪儿也没能去，我也竟没带她上哪儿逛逛。当时她站在家门口，身边有别的亲人和邻居。听她这么一说，身边的人赶紧道：“那就去逛逛。”可是上哪儿呢？正在考虑上哪儿的时候，吴姨二十多年不见的外孙阿滔出现了，他插话道：“到农庄走走吧。”

午餐很丰盛，餐桌摆在那既是客厅又是卧室的小房间里。小时候只要家里来客人，吃饭的人比较多时，餐桌就要从厨房挪到这里，这也意味着菜比较丰盛。

于是就去了“农庄”——一个从没到过的地方。当我置身在那片长满树林的山坡上时，我觉得这地方还不赖，就是光线昏暗了一些，感觉不到阳光，但我喜欢到处都是树。也许正是因为树木太多之故，树林显得阴沉而昏暗。但山间有白色的溪流，溪流冒着白烟，所以远看过去溪水是白色的。溪流在较低处汇成一个潭，就在我们站立的附近，潭面冒着蒸汽。

“玩什么好呢？”当我们环顾四周时，有人问。

“可以泡温泉啊！”我指着那个冒蒸汽的潭提议道，“那不是温泉吗？”

我的提议固然很好，但大家看到周围除了我们几乎没有旁人时，不禁有点顾虑，这地方静得有点可疑。

“就不知水质怎样，适不适合游泳。”我有点担忧，忽然想起《少年派的奇幻漂流》里的湖。

“得找人问问。”有人说。

也不知是谁去问了，回来说这一带是用来做火葬场和坟地之用的。这使我们吃惊不小，难怪附近没什么人。我们开始感觉阴气逼人。没有多想，我们立马就撤。

往山坡下跑的时候，我问姐的女儿阿珊：“你看过《少年派的奇幻漂流》吗？”

“没有。”她答道。

“里面有一个湖。少年派看到那个湖的时候，以为到了天堂，谁知……”

阿珊没心思听我讲故事，她只顾逃命，这使我生气。我很想让她知道，我此刻的心情和派发现那个奇妙的湖竟可置人于死地甚至让人消失于无形时的心情是一样的。

我们快速地冲下山坡，可是已经晚了，有很多奇怪的人正迎面向我们走来。我在他们面前停住了脚步。他们的样子有点怪异，好像都化了妆，脸色苍白或呈淡淡的绿色，也许还抹了点胭脂。这样的妆容使他们看上去有点诡异，像戴了副面具。

我想起了蒙克作品中那些深夜在街上行走的游魂。他们衣服的颜色以白色为主，也有淡绿色或淡蓝色。事实上，我并不敢注视他们，更不敢去深究他们的模样，所以我其实得到的是一个非常模糊的印象。看着他们阵容的庞大，我思量着自己到底需要多大的勇气才能穿过这些怪异的人，而走到他们队伍的后面。我担心自己会在穿行的过程突然转身进入他们的行列，成为他们的一员。

漫山遍野都是他们。当走至一低处，打算从一地下通道穿过时，我抬头看了一下。一瞥之间让我非常震撼，我看见了一排身材相当高大魁梧的男子站在我头顶上方，他们统一戴黑色的帽，着黑色的长衫，他们的皮肤也是黑色的。从仰视的角度看，他们的身材相貌显得高大威严，就像死神。这种感觉吓了我一跳。每个“死神”带领一支长长的队伍，非常庞大的军队。他们正整装待发，不知要去哪里。想来应该是给死人送行。他们是送葬的队伍。那么多人死吗？需要那么多人送行吗？原来有那么多人从事这种职业，而我竟然不知道。这似乎是另外一个世界，我无意中闯入。我想我们真是倒霉，真是晦气，怎么撞到这里来了！

我们没命地逃，来到了一幢小楼前，只见我妈飞快地冲上楼，她的速度令我吃惊。她上楼的身影让我感觉她不过是个四十多岁的妇人，所以体态还年轻，动作也轻捷。我朝她喊道：“这是垃圾转运站！”阿珊边跑上楼边应道：“可出口在这里！”我看着那脏兮兮的楼体，犹豫了一下，也跟着上楼。

然后，我躺在了一个房间的床上。一个小房间，不知是否垃圾转运站上的房间。我很累很晕很困倦，身上穿着几年前在金纺服装市场花 30 元买的睡袍。我迷迷糊糊地躺着，迷糊中看见有人推门进来，好像是一个胖胖的男孩子，他走到我身边，然后弯腰不知在翻检什么，半晌没有动静，也没见他出去。后来感觉有人在我身边躺下。我侧过身问："谁呀？"只看见一个模糊的肉体，那人答："老师。"我不知他是叫我老师，还是说他是老师。他说着就翻身压到了我身上。这时我看清了他的样子，很强壮的男人，样貌有点眼熟，许是见过，只是比以前瘦了，脸上长了很多暗疮。我试图推开他，但我的抗拒软弱无力。这时我想起，我刚才喝了酒，难怪头这么晕。他只想把我灌醉。我明白了，原来这一切都是阴谋，到这里来是一场阴谋的结果，只是不明白阴谋为何要设在这样的地方？

我下了楼，看见很多男女在吊嗓子、练武功，像戏班里的情景。一个长得很好看的女孩在唱粤曲，声音幽怨动听。我想，他们送葬的干吗要练这些？我就站在墙根站着、听着，若有所思。旁边一个女人好像认识我，她过来和我搭讪，还递给我一串黑葡萄。我婉言谢绝，指指楼上说："我楼上也有。"她就不再坚持，以为我嫌弃她这种人的东西。

我离开了那幢楼，走在山坡树林间的路上。很多人在我身边往来，可我已不再害怕他们。我放眼环顾周围的环境，感觉这一带地势平坦开阔，是一个好地方。路边一块牌子上写着："此乃古代兵家争弭之地"。"争弭之地"？也许它的意思是说这是古代兵家兵戎相见的地方，也是他们必争之地。真想不到Z城还有这么一个好地方，可惜做了火葬场和坟地。

然后，我和很多人坐在一个狭小的空间里，像机舱。突然不知谁制造二氧化碳，引起了人群中一阵骚乱，我也欠身离位想去打开风扇。骚乱过后，大家安坐原位。我观察了一下身旁的人，发现坐在左边的那群人脸是淡绿色的，着装统一，衣服的颜色也是淡绿色，很雅致。他们一动不动地坐着。我看看前面的人，发现他们的脸却是白色的，可他们刚才不是绿色的吗？许是洗干净了，工作结束了，所以把脸洗干净了。可我怎么会和他们在一块呢？我们这是要上哪儿呢？

正想不明白的时候，我醒了过来，结束了漫长、奇异而荒诞的梦中之旅。

2014 年 2 月 15 日

最后一次

他们约好在酒店的餐厅见面。他先到，坐在靠窗的位置。她喜欢他选的座位，透过大大的落地玻璃，可以看见楼下的停车场，以及马路对面的风景，一棵棕榈盛开在窗前，那些美丽巨大的叶子，几乎遮挡了整面玻璃。他买的那枝白色百合孤单单地躺在椅子上。

见面的时候，他们都笑了，发自心底的笑，然而那笑里又有几分尴尬和不自然。昨晚，他们在微信上剑拔弩张，吵了很久。想起那些可怕的言辞，真让人不寒而栗！那样的彼此伤害，是会在对方的情感和心灵深处留下阴影的。经过一夜的痛苦，她提出要见面，要他当面道歉；而他则提出要她先道歉，彼此互不相让。最后她说：

“如果你捎一束花来，我就饶了你，算你还是个男人！”

他笑了，表示可以接受。

他特地等到花店开门，买了花才过来。他只买一枝。

见了面，彼此笑笑、寒暄，仿佛没有发生过“战争”那回事。

他看着她，她穿着黑底大蓝花的无袖旗袍，外面罩了件黑色的毛织小外套。金丝勾勒着那些美丽的花朵。她的长发披在肩上。

“你确实瘦了，”他给她倒茶，问，“怎么回事？”

她本想说：“因为想你啊！”但又觉得此时不宜说笑，也没有说笑的心情，所以只好老实回答：

“这段时间一直在服药。”

他们客气地寒暄，找话说，却小心翼翼避而不谈道歉和吵架的事。两个人都有些不好意思，为自己说过的话，为彼此的争吵。真的，怎么会说那样的话呢！怎么会那样彼此中伤呢？多么可笑多么幼稚啊！多么不可思议！

她拿起那枝百合欣赏，花开得很美，颜色苍白得像她在受伤时失血的心；她嗅了嗅，幽香沁入心怀，她得到了抚慰。她说：

“别人都是买花蕾，你怎么买已经开的？买开的花很容易弄坏。”

“我不懂，”他笑着说，“花店的人给我挑花苞，我不要，我说这个你送给我都不要！”

她笑了，原来他不会买花。

“花店的老板今天可是要高兴死了！”她说。

“可不，买别人不要的东西，帮他们处理次品，他们一定笑我傻×了。”他自我解嘲地说道。

她笑得更厉害了。

凑巧今天酒店要办喜宴，餐厅的服务员已经开始铺设桌面了，餐点推车已推到了楼上，客人们已走得差不多。他们觉得不宜久留。结束早茶，他们下楼。她手里拿着那枝花——有一朵已经压伤了，看起来有点可怜兮兮。他看见了，说道：

“真有一朵压坏了，真不好意思!”

她娇嗔道：

“那你下次应该知道了。”

“知道了，知道了，下次给你买好的!”他忙不迭地说。

在酒店门口，她停住脚步，转身望着他，带着感激和歉意说道：

“哥，谢谢你！对不起!”

他赶紧说：“没关系。”他搂着她的肩膀又说：“你也不要介意，不要放在心上。”

她的柔弱让他产生了爱怜，他突然兴奋激动起来。

“我又有感觉了，亲一下，最后一次。”说着，他情不自禁地在她的唇上印了一吻，全不管有没有人看见。她喜欢他的吻，她有些莫名的感动。

他陪她朝她的车走去。临上车前，他又搂着她在她唇上印了一吻，说：

“最后一次。”

“谁知道呢!”她说，然后打开车门，坐进驾驶室。

她放下车窗，他弯身下来在窗口和她说话，他的双肘搁在窗框上。他有些留恋不舍。如果她叫他上车，他一定会上来，而且他们会在车里亲吻，久久缠绵。然而她没有开口。她系上安全带，发动汽车。他在一旁指导她倒车，然后他们道别。

“再见！”她说。

“再见！”他说。

然而，她不知道他们还会不会再见。她驾着车离去，没有回头。

2018 年 5 月 13 日

辑四　艺术随笔

何谓艺术家

凡·高有一件很好的作品叫《播种者》，画的是光芒万丈的太阳照耀着一片等待收割的庄稼和翻耕过的土地，在那片开阔的土地上，一个男人正迈开大步撒播种子。凡·高在这里刻画的，也许不只是一个土地播种者的形象，更是借这一形象去隐喻艺术家——精神的播种者。的确，从某种意义上来说，艺术家也是农夫——精神的农夫，艺术是他们的领土，他们在属于自己的土地上，默默耕耘辛勤劳作，撒下光明和希望的种子。

真正的艺术家都热爱自己的土地如同生命，这土地就是他心灵的家园和精神的王国，他须臾不会离开或忘记自己的家园而浪荡到别处，他的心总在这里，绝不会让自己的国土荒芜。日出而作，日落而息，春花秋月，夏雨冬雪，日复一日，年复一年，他总是在这里耕耘，播种，守望，收获……真正的艺术家会与自己的土地同呼吸共命运，用汗水和热血滋养土地。对他们来说，最重要的，就是让土地肥沃，让庄稼茁壮。为此，他们甘愿承受生活的一切苦难。

真正的艺术家都是理想主义者，是为了理想“唯美地活着”的人，他们为了自己的领地可以年复一年地长出茁壮的庄稼甚至甘愿献出生命。由此不难理解，为何那么多艺术家喜欢在作品中表现十字架上的基督。的确，基督已为世人和艺术家树立了极好的典范，也就是要为理想而献身。追求真理的人都要承受苦难，追求理想的人，都要做好上十字架的准备。艺术家表现基督，无外乎是表明心志，表明自己愿意效法基督追随基督，为艺术做最大的牺牲。

由此，明白了真正的艺术家是要为真理上十字架的人，是要以身殉道的人。当他为捍卫自己的家园奋斗到最后一息而轰然倒地，或被钉死在十字架上的时候，他就取得了生命最大的胜利，他战胜了世界！

2016 年 4 月 30 日

艺术与贵族

从某种层面上说，艺术是贵族把玩的东西。我所说的贵族，是指有钱有闲有文化教养的人。因为有钱有闲，不用为生计工作，因而能全心全意做自己喜欢的事情。只有凝神观照，才有可能产生天才的作品，也才有可能成为大师。因为明白这样的道理，保罗·高更辞去了证券经纪人的工作，甚至离开了妻小，一心一意走上艺术追求的道路；文森特·凡·高则与弟弟提奥立下协议，提奥每月提供生活费给凡·高，凡·高的所有画作归提奥。马塞尔·杜尚为了争取最大的自由而过着最简单清贫的生活。

如果你怀抱艺术理想，却不幸没能出生在大富之家，也没有赞助人，那你将不得不迫于生计而工作。工作将占据你大部分的时间精力。你只能在工作之余做自己喜欢的。此时的艺术追求之于你，只能是业余爱好，而非生命的事业。由于投入的时间精力极为有限，你在这方面所能取得的成就是可想而知的。

如果你不得不工作，又不愿放弃自己的理想，那就必须为自己的理想尽可能地扫除障碍，只为解决基本的生活问题而工作。此外，就要心无旁骛地走在理想的大道上。

有个学生问我一周上几节课。我说六节，两个下午。他说很清闲。我说课不少了，两门不同的理论课。我又说不是所有的老师都像我这样“清闲”，如果他们又要去读博士，又要评职称搞项目的话，他们就会忙得不得了。学生听了之后说：“那没办法呀，为了生计呀。”这是个天分不错的学生，但他的灵魂里有很多痛苦挣扎，他的痛苦很大部分源自于理想与现实的矛盾对立。在理想与现实之间摇摆的他不得不痛苦地倾向于向现实妥协。我看见很多天才就是这样被现实的生存恐惧扼杀了。我想起高一退学的韩寒、清华肄业的高晓松，天才的成长原来需要一些无畏的勇气。

为了生计工作是不得已的事情。但基本的生活问题解决以后，还想去追名逐利，我们就只能让理想永远只是梦想，而梦想终会远去、消淡并且消失。

不要想着过上安稳舒适的生活以后才去追逐艺术、寻求理想。等到那时，恐怕一切为时已晚，因为你很可能需要为舒适稳妥的生活付出沉重的代价，你付出了大量的时间精力，消磨了你的天赋才情。你因苍老而迟缓的步履，恐怕再也追不上理想的身影。

在舒适的生活和理想之间，是要做出选择的。找到理想的人需要为理想做好受苦，甚至上十字架的准备。然而十字架的考验会吓倒很多人。所以，只有真正的天才才能找到小路，且勇敢地走上小路，并甘愿为之受苦。这是极为稀少的。

受苦，实在是太难了。所以，从这个角度来说，只有贵族才玩得起艺术。这些没有物质匮乏之虞的人，不受生活压迫的人，才能优雅从容地去探索艺术、玩味艺术。

2016 年 6 月 16 日

浪漫主义的作用

在现实生活中，人有种种局限；但在想象的世界里，人却可以冲破这些限制随心所欲、为所欲为。我们很多在可悲的尘世实现不了的愿望、达不到的目的，却很容易在另一个世界里实现和达成。只要我们张开想象的翅膀，一切都会美梦成真、如愿以偿。在那个虚构的精神王国里，我们是统领一切的君主。在那里，我们可以意气风发地指点江山替天行道伸张正义，可以痛快淋漓地报仇雪恨劫富济贫惩奸除恶；在那里，我们可以飞檐走壁上天入地呼风唤雨；在那里，我们死而可以复生，人鬼可以相恋；在那里，我们可以回到过去飞向未来；在那里，灰姑娘会被王子爱上，穷书生会被千金小姐看中；在那里，有情人终成眷属；在那里，善有善报，恶有恶报……

正是通过这种汪洋恣肆、惊世骇俗、才华横溢的想象，我们理想地创造了人间所没有的世界，以这个世界抵抗现实的世界。我们在实现“自欺”的同时，也尽情地报复、鞭挞、嘲笑和玩弄了那个以其粗粝、坚硬和冷酷伤害了我们的现世。我们的痛苦由此得到平息，创伤由此得到愈合。我们在想象力的带领下，在高昂的精神的带领下，突破自身的局限，向自由之境进发。我们因而从现实的污浊和丑陋中超拔出来，高高地飞翔和凌驾在平庸的生活之上。

——这就是文艺的作用，这就是浪漫主义的作用。

2016年5月3日于兰室

《莫斯科不相信眼泪》

影片讲述了三个女人的故事。三个女人年轻时都是工人，同住在工人集体宿舍的一间寝室里。她们是好朋友，都青春貌美。她们的生命开始时非常相似：同样的身份地位，同样的年龄……然而，未来在她们各人面前展开的图景却如此迥异……

托尼娅，三人中最平凡的一个，对生活没有太高的要求，很容易在一次相亲中找到了理想伴侣——对方和她一样是工人——也很顺利地结了婚。

卡捷琳娜和柳德米拉却不甘于生活的平庸，卡想通过个人奋斗来改变自己工人的命运，柳却一心想嫁个上流社会的男人以一举获得自己梦寐以求的一切。这个玛蒂尔德式的姑娘想方设法，创造种种途径去接近社会名流，比如，扮成女学者到院士、博士、科学家众多的图书馆"学习"，或到画廊"欣赏"艺术什么的，最后又不失时机地抓住了到卡捷琳娜亲戚家暂住时扮成教授的女儿——卡捷琳娜的亲戚是教授——同时也要求卡扮成她妹妹，还趁教授不在家期间设宴招待了一些上层人物。这一冒险的举动决定性地改变了她的未来，同时也把卡卷入了命运的旋涡。宴会以后，柳与著名冰球运动员古林相爱，卡却爱上了电视台的摄影师鲁多尔夫。然而结局不同的是，撒谎的柳德米拉收获了真正的爱情，如愿以偿地嫁给了名人；无意撒谎的卡捷琳娜却因为工人身份的暴露而遭抛弃。

十多年后，托尼娅已是三个孩子的母亲，与丈夫依然相爱，过着幸福平静的生活。

卡捷琳娜含辛茹苦地独自养大了当年与摄影师怀上的孩子，同时也通过奋斗摆脱了工人身份当上了厂长。但情感的路上，依旧坎坷。曾与有妇之夫相好，但终因对方的怯懦而受伤撤退。直至在电车上邂逅了果沙，她才终于收获了一份真正的爱情——生活这一无比美好的馈赠。

柳德米拉却与丈夫离婚多年。那个婚前恪守职业制度滴酒不沾的冰球运动员，婚后却成了一个酒鬼，且因嗜酒而债台高筑。离婚后的柳独自过着孤寂的生活。她依然对未来抱有期望和幻想，但生活对她似乎不够慷慨。终于，在面对朋友的幸福时，她羡慕之余，又感慨自己身世的可怜，以至悲伤地痛哭失声道："卡特卡，你多幸福！"

影片的最后，是果沙失踪八天后重新回到卡捷琳娜的身边——他因不满卡用命令的语气对他说话而离开。当我们看到卡因爱情失而复得而感到欣慰和幸福的表情时，当我们听到卡对果沙发自深心所说的那句话"我寻找了你多久"，且也理解了这句话的深意时，我们不由得也会和剧中的主人公一样，在感叹幸福来之不易的同时，也会感喟生活与命运的难以揣测。命运多么奇怪！它让一些人毫不费力地收获了幸福，却让另外一些人苦苦寻找和等待；它让你今天品尝蜂蜜，明天却可能让你啜饮苦汁……

2011 年 3 月 20 日

莫妮卡和哈利

两个人都很年轻。莫妮卡 17 岁，哈利 19 岁，说他们还是孩子也不过分。但这两个孩子都要工作了，莫妮卡在一家蔬菜店里干活，哈利在一家餐馆里打杂。当哈利划了四根火柴才给莫妮卡点着香烟的时候，莫妮卡对这个温柔善良的少年产生了好感，她开始和哈利一见如故地攀谈，提议一起去旅行，一起去看电影。哈利也喜欢这个热情大方的女孩，他接受了她的提议，甚至提出当晚就去看电影。他们孩子般的爱情就这样开始了。

莫妮卡是一个对美充满向往、满脑子梦幻的女孩，她会在看电影的时候痛哭流涕，会在流浪歌手唱歌的时候驻足聆听，她为在春天美好的季节要工作觉得可惜，她想去旅行，憧憬着爱情……她厌恶工友粗俗的玩笑和调情，她难以忍受弟弟不时打破东西弄出的噪音，难以忍受父亲醉酒后的手舞足蹈……她渴望逃离这一切……一次父亲喝醉要打她，她就毅然收拾东西离家出走去投奔了哈利……

相对莫妮卡而言，哈利似乎比较扎根于现实的大地，至少和莫妮卡一起看电影的时候，他没跟着一起流泪，相反，他困倦而打哈欠……为了生活，他也甘愿忍受老板和工友的呵斥、欺侮……但并不是说他缺少对美的向往，他会在上班时间到咖啡馆里享受清静的时光，会在干活的时候陷入美好回忆，或因憧憬爱情而出神……他也有着他那个年龄特有的浪漫和对平庸、乏味、丑陋生活的憎恶与厌倦。所以，当因迟到又一次遭到喋喋不休的批评和责骂时，他愤然辞职，并为此感到前所未有的轻松。然后，他和莫妮卡抛开一切出发去旅行。

这对年轻人去了一座海岛，远远地离开了城市，离开了生活的粗俗与丑恶，在远离尘嚣的地方尽情享受阳光、海水和清风……然而，就在他们享受青春与生命的同时，隐忧也就此埋下了——导演用了很多隐喻与象征来告示他们的爱情将遭受不幸：狂暴的海浪、翻滚的乌云、强劲的风……

事实上，悲剧很快降临。当粮食吃完，他们不得不靠采来的蘑菇度日，他们之间爆发了第一次争吵，饥饿使女孩抱怨。他们被严峻的现实重新拉回生活的大地……当男孩提议回家，却遭到了女孩断然的拒绝，她宁愿冒险去偷，她依然挣扎着想要飞起……这个梦想家，让我想起福楼拜笔下的包法利夫人——那个不甘于平庸，为了爱情而走向毁灭的女人……

最后，他们当然不得不离开海岛回到尘世的生活中去。并且为了孩子，他们结婚了。孩子出生的时候，年轻的父亲并没有因此高兴，他似乎已经预感到，这位不速之客的到来，不会给他和莫妮卡的生活带来幸福。所以第一眼看到新生儿，这位父亲的表情是忧伤甚至是痛苦的。

孩子出生后，哈利在晚上几乎不能安睡，因为孩子老哭，他不得不频频起床去抱它，而年轻的母亲却对婴儿的啼哭充耳不闻……为了让妻儿过上好生活，哈利不得不努力工作，他年轻的肩膀过早地担上了沉重的负荷。而妻子却在抱怨没有衣服穿，没有娱乐的时间……他们生活的天空此时已笼上了浓重的阴云。

当哈利出差的时候，莫妮卡与别的男人幽会，这个过早地被婚姻和家庭束缚的女人，本质上还是个孩子，她心里没有责任，没有义务，没有本分，她只想玩，只想快乐，她是个梦想家，容不得单调与乏味……当丈夫发现妻子在他辛苦工作时与别的男人偷欢，他们之间爆发了可怕的争吵。最后，女人离去，而男人独自抱着襁褓中的婴儿，继续茫然地走向生活……

这是瑞典导演英格玛·伯格曼早期电影作品《莫妮卡》里讲述的故事，它向我们揭示了生活中普遍存在的悲剧，让我们痛苦地看见现实是怎样折断我们梦想的翅膀、毁掉我们美好的情感……

这部感人至深的影片有浓郁的生活气息。

2015 年 10 月 3 日

爱，最重要

安德烈·祖拉斯基在《爱最重要》一片中，不见得把所有细节都处理得十分完美，但他确实在那出悲剧中表现了一些令人震撼的东西。

这是一出婚外情加三角恋，一个男人爱上了一个有夫之妇，一个有夫之妇爱上了一个丈夫之外的男人，不幸的丈夫成了第三者，这也许是现实生活中很寻常的事情，然而在这里却酿成了悲剧：一个男人自杀，一个男人被杀。何以会这样？这出悲剧是怎样发生的？

先来看这场三角恋是怎样形成的。

演员娜第尔在拍戏现场被导演要求对那个躺在她身下和她演对手戏的男演员说“我爱你”时，感到万分为难和痛苦，她怎么也无法入戏，怎么也无法自然动情地说出那三个字，就在这时，她看见了——

混入剧组的摄影师塞尔维正低头专注地用摄像机对着她。

看见塞尔维的刹那，娜第尔怔了一下，仿佛被什么轻轻击打。及至摄影师抬眼——

那深情的眸子、致命的目光。娜第尔的心脏被某种难以言说的、可怕的东西准确地击中！四目相接的时候，一些事情发生了，它说来就来，全不由人的意志。娜第尔是不情愿它发生的，看见塞尔维的第一眼，她摇头了，她不愿意。接下去，观众可从一个脸部特写镜头看见女主角越来越悲伤、越来越惊慌的表情。仿佛那时，娜第尔已预见了自己爱情的结局。就在女主角越来越悲伤越来越惊慌的时候，有音乐流出，这贯穿在整部片中的哀伤音乐是多么能够揭示主角内心情感的波澜！当它第一次响起，它告诉观众：有爱情在女主角心中生发了。然而这音乐是多么悲伤！它竟成了这出爱情的基调，当它第一次响起，就已预示了这场爱情的悲剧。

第二次见面，在给塞尔维摆姿势拍照的间隙，娜第尔忽然停下，定定地目不转睛地望着眼前这高大英俊的男子。她的表情是那么专注而悲伤，使得对方禁不住问："怎么回事？"她继续定定地目不转睛地望着对方，然后缓缓而悲伤地说："没事。"但她心里清楚，有事情不可避免地发生了，而且这事情很大！

塞尔维第一次见到娜第尔的时候未必就爱上了对方，甚至第二次去找她的时候，他也许还是出于职业上的需要。但第三次见面时，他知道他们之间产生了一些微妙的情感，娜第尔的示爱如此明显，她说："我化好了妆，打扫了房间。"她把门关上倚着门又说：“我丈夫去看电影了。”塞尔维却顾左右而言他，他在拒绝和逃避，最后起身走了。但很快，他发现自己无处可逃。翌日，凌晨五点，他就闯进娜第尔的家，因为“有事必须见一下娜第尔”。他不顾那个丈夫雅克的阻拦，冲进了卧室。娜第尔正躺在床上，塞尔维闯入时，她知道一个悲剧正在形成。不久前的那个约会，塞尔维的拒绝原本可能会熄灭她突然间燃起的爱火，但现在她知道不可能了，这不可能将会使他们三人卷入一个可怕的旋涡。正是基于这样一种复杂的思绪，正是基于对那刚认识的陌生男子爱恨的交织，她冲他喊：“浑蛋!”她起身，喊着“浑蛋”，然后把男人推到墙上，不断地抽打他的脸。当这一切进行时，她的丈夫雅克在一旁默默注视着。娜第尔和塞尔维站立的那面墙上的一面镜子清晰地映照出雅克呆立的身影。镜中雅克的睡衣是黑色的，脸部表情是模糊的，但观众可从那僵立的身影知道，雅克已清楚他原本快活幸福的生活结束了，原本属于他的一些东西正被一场可怕的风暴袭卷。镜中那一动不动的黑色沉默的身影予人印象多么深刻!它像一个不祥的预兆，像死神!

雅克知道妻子爱上别人，内心自然万分痛苦，但他表现出的反应却是反常的。他非但不对这爱情加以阻挠，反而想方设法给他俩的接近制造机会。甚至当妻子意识到那“危险”的时刻步步逼近，跪在他脚下向他发出急迫的求救“救我，救我，救我……”时，他也没有采取相应的措施。他知道自己是无能为力的，情生情灭都不由人的意志决定。于是，越是痛苦，他越是把自己和妻子推向危险的境地。他邀请塞尔维来家中用餐，要妻子用“亲热”之举以表对塞尔维赠送支票的谢意。这样做的时候，雅克是在拿刀子往自己的伤口更深地割下去，以在剧烈的痛楚中享受着绝望的快意。

三个人都很痛苦。夹在两个男人中的女人何尝不痛苦？两个男人她都爱，都无法割舍，丈夫与她有六年的感情；刚认识的男子却能拨动她生命中的某根弦。舍弃任何一方都会使另一方陷入绝境，舍弃任何一方，她都无法获得安宁和幸福。

塞尔维何尝不痛苦？继续和娜第尔的恋情会伤害甚至会毁灭一个善良美好的男人，然而不继续却也许会毁灭自己，正如他所说：“我害怕伤害。我觉得自己无路可走……如果我继续，会很痛苦，但如果放手，会更加痛苦。”

这样，悲剧就无法避免了。当爱情中有如此深刻而无法消除的痛苦时，势必需要有人牺牲和毁灭。悲剧于是发生了。

而造成悲剧的根源之一恰恰是——“爱”。

剧中的三个主角都把爱看得太重，看得高于一切（诚如片名所提示的：爱最重要）。塞尔维因为爱不惜去借巨款，只为了能帮娜第尔在一出戏中弄到一个角色，他为此付出的代价就是帮债主拍摄低级下流的色情图片，而那是他所憎恶的，不啻于出卖自己，他甚至为此付出了生命；娜第尔因为爱而无法抉择、难以取舍，受尽痛苦的折磨；雅克因为爱而能忍着剧痛把爱妻“拱手相送”，当娜第尔回来告诉他“我去塞尔维家了，为了和他上床，但他不愿意”时，他被这残酷的坦诚所伤。但为了让妻子快乐起来，他甚至去请求塞尔维和妻子上床，他说："帮我，帮帮我，做些事情……你可以帮她，而我永远做不到。但，你看娜第尔，她不开心。"因为爱妻子，他宁愿牺牲自己。

雅克最终无法承受爱情消逝的事实与痛苦，因为爱对他太重要，有如生命，当他感觉自己越来越成为一个多余人，成为被妻子怜悯和蔑视的人时，他拿起了药瓶……

剧中有个场景预示了雅克的死。在排戏的时候，导演为了娜第尔能更好地演戏而叫雅克躺进棺材。那真是不祥的预兆，当娜第尔看见丈夫躺在棺材中时，她怔住了，感到心惊肉跳。而这戏中的一幕，最后竟可悲地成了生活的真实。

雅克死后，塞尔维和娜第尔的爱情蒙上了悲伤的阴影，那爱情因为一个人的毁灭而变得艰难和苦涩。与此同时，另一件事发生了。塞尔维因被心中的悲伤压倒，再也无法忍受继续给马赛西拍那些低级下流的图片，他拒绝继续服务。为此，他遭到了马赛西手下的毒殴。当他血流满面、奄奄一息躺在地上的时候，娜第尔来了。她跪在血泊中扶着塞尔维，深情地对他说了一句："我爱你。"影片至此结束。而观众会不由得回想起，影片开始时，娜第尔对着那个和她演对手戏的躺在"血泊"中的男演员怎么也无法说出那三个字的情景。如今，戏中的场面变成了现实，恰如雅克躺在棺材的戏剧场面变成现实一样。娜第尔终于能自然而动情地说出"我爱你"了，但在真实的生活中说出这三个字的时候，却是多么令人心碎和悲哀！

电影并没有说塞尔维死了，我也希望他不死，希望他能活着和娜第尔相爱。但我记得影片一开始，女导演指着那个倒在“血泊”中的男演员对娜第尔说：“他快要死了，但这就是生活。你抬起他的头，你对他说我爱你。你重复这句对白，然后呢，你抬着他的头，亲他。就这样，你要想象自己置身其中，这样会容易好多……”

2009 年 10 月 15 日

爱的颂歌

看普雷沃的《曼侬》，我很为书中主人公格里欧骑士对爱情的执着、忠诚、坚贞而感动。但我知道，会有很多人不以我的看法为然，在他们看来，格里欧为一个女人神魂颠倒，以致把自己搞得身败名裂、前途尽毁未免太傻了。的确，出身名门、富有教养的格里欧如果不是因为女人，他完全可以凭天赋在骑士团或教会里取得巨大的成功、达到荣誉的顶峰，但他没有这么做，他放弃了。命运让他邂逅了美丽的曼侬——他生命的最爱。在爱情面前，他发现财富、荣誉不过是粪土、浮云、幻影，只有内心那份燃烧着的激情才是真实的，他决定不顾一切地抓住这份真实。为此，他甚至不惜以付出生命、牺牲前程作为代价。这份疯狂的爱把他卷入了命运的旋涡，成为他苦难与厄运的根源。因为这份爱，他饱受痛苦与折磨，曾两次入狱，为了越狱而杀人，他诈骗过，曾过着穷愁潦倒、提心吊胆的生活。因为这份爱，最后他还要浪迹天涯、漂泊异国他乡……格里欧是鲁莽的、盲目的，然而恋爱中的人谁不盲目？狂热的爱着的人谁不只是听从内心激情的驱使？爱情与智慧似乎从来不曾携手同行。你能叫一个热恋中的人停止去爱吗？你能对一个坠入情网无力自拔的人说："停止吧，它会把你毁灭！"这不正如对一只扑向火焰的飞蛾说"停止扑火吧，你会因此而送命"一样可笑吗？飞蛾难道不知道火是危险的吗？它难道不知道自己会被烧成灰烬吗？然而，它如何能拒绝那份光和热的诱惑？格里欧或许是个缺乏理智的人，是个"不切实际"的人，他太"浪漫"了。他抛弃了世俗循规蹈矩、谨小慎微的道德准则，只是听从了自己那颗心的指示、遵从了自己情感的呼唤，从而不顾一切地去爱罢了。由此，我们怎能说他"太傻"呢？他不是傻，而是爱得太真、太热烈、太勇敢。我们自诩聪明，自诩自己的"谨小慎微"为"理智"，殊不知，这恰恰是我们爱得远远不够的表现。真爱能冲破一切得失与顾虑。我们太怯懦了，格里欧的勇敢映衬了世俗世界对待爱情的虚伪和软弱。也许还会有人说，如果格里欧爱上一个也同样爱他的女人也就算了，那他为爱情所受的苦、所付出的代价也就值了。然而曼侬却偏偏是一个水性杨花、无情无义、贪图享乐的女子，曾数次背叛他，每次都是在他经济上陷入困境时就投入别人的怀抱。这样的女人有什么值得爱呢？为何还要留恋不舍呢？为何要为了她而滑向命运的深渊呢？如果格里欧放弃曼依，是没有人会谴责他的，相反，都会为他能从一份可怕的情感中解脱而高兴。可格里欧却没有这么做，无论曼依如何背叛他、如何伤透他的心，他还是依然爱她，依然选择和她在一起，她是他的生命、他的全部，他只为她活着。他爱得如痴如狂、无力自拔。谁能解释爱情的魔力呢？另外，格里欧之所以能一再原谅曼侬对自己的伤害，是因为一颗真爱的心能宽恕一切、包容一切。这颗心最后当然也得到了报偿，它终于真正地感动了曼侬，从而获得了她的爱。正因为格里欧爱得真挚、热烈、无畏，所以他的爱情具有了强大的力量，这种力量使格里欧能逃出守卫森严的监狱，使格里欧能从妇女救济院里救出曼侬，使格里欧有力量有勇气陪伴爱人漂泊异国他乡，使格里欧能不顾一切冲破重重艰难险阻而始终与爱人厮守在一起……这就是爱情的力量，这就是爱情的力量创造的奇迹和神话。在格里欧的一生中，或许除了爱情一无所有。然而一生能拥有一次如此壮丽的爱情夫复何求？什么功名、荣誉，很多时候是为别人争取的，只有爱情才是真正为自己争取的，而且始终为自己所拥有。试想，如果他为了前程而放弃了挚爱、牺牲了爱情，他在以后的岁月里会不会抱憾终老？格里欧的一生也许是个悲剧，但这是个多美的悲剧！像他这么勇敢、这么轰轰烈烈地爱过的，世间能有几人？如此，他还有什么可遗憾的？他创造了一种美，他的爱情美得出奇，他用生命谱写的爱情是一首壮丽的诗与颂歌。罢了，罢了，格里欧骑士的爱情在这个世间绝对是走火入魔的情感，而我此篇关于这类情感的文字也一定是走火入魔的论述，因此不写也罢。

2009 年 7 月 4 日

读《海上花开》

《海上花开》第九回写罗子富王莲生偕张蕙贞黄翠凤等人到明园游玩，后来王莲生以前的相好沈小红也来了。这样，一出好戏就出场了。沈来明园的目的不是休闲赏景，她是闻风而来的。她一来，二话不说，就把王莲生的新相好也就是她的情敌张蕙贞，结结实实痛打了一顿。两个女人扭作一团厮打的情景写得非常精彩，不妨看一下。

先看沈小红是如何出场的：“随身旧衣裳，头也没有梳便来了”——对自己被抛弃非常气愤，以至于连妆扮都顾不上。上楼时，只见她“直瞪着两只眼睛，满头都是油汗，喘吁吁的上气不接下气……径往前轩扑来；劈面撞见王莲生，也不说什么，只伸一个指头照准莲生太阳心里狠狠戳了一下”——失去了理智的女人完全没有了往日的娇媚，而呈现出一副气势汹汹的悍妇模样。接着就是大打出手了。只见她“迈步上前，一手抓住张蕙贞胸脯，一手抡起拳头便打”。旁边的人劝架，但她如何肯放手？“从正中桌上直打到西边阑干尽头”。她的旧情人拦住她，却反被“口咬指掐”。而那个倒霉的女人张蕙贞如何呢？早被打得“桃花水泛，群山玉颓；素面朝天，金莲堕地”。沈小红还不解气，还要继续把张往死里打，只见她“竟揿蕙贞仰叉在地，又腾身骑上腰胯，只顾夹七夹八瞎打”——看到这里，我不禁笑了，不管平时装扮得如何漂亮，本质里还是泼妇一个啊。但能怪她吗？是谁让她成为泼妇的呢？她生活在那样的社会里，她的命运让她沦为风尘女子，她没有机会接受教育，自然不可能通情达理。况且她那样的生活注定了男人是她生命的重心，甚至就是她的生命。所以一旦男人移情别恋，她没有了依靠，自然是要以命相争的。所以，这也是可悲可叹，可悲可叹的啊！

不过其实，她更应该打的是男人，而非那个无辜的女人。但是，她能打那个男人吗？即使她恨，也不能打吧？她还指望他回心转意呢。所以她只能把自己所有的怨恨都发泄到一个其实和她一样可怜的女子身上。

女人的逻辑很奇怪，或者说女人其实是没有逻辑、缺乏理性的——当她遇到情变的时候，也就是当她发现自己的男人有了别的女人的时候。在这一点上，风尘女子和良家妇女倒是一致的了。所以在生活中我们不难发现，很多女人把自己男人的变心归罪于那个所谓的“狐狸精”，所以生活中也没少发生“女人打女人”的事件。

就不知道是否大多数的女人本质上都是悍妇呢？

2010 年 6 月 9 日

安娜为何爱陀斯妥耶夫斯基

《巴登夏日》所展现的陀斯妥耶夫斯基形象与我想象中的完全相符：性格冲动、脾气暴躁、极度自尊又极度自卑、多疑、粗心、神经质……一如他小说中的人物。

和这样的人生活在一起应该不是一件容易的事。你琢磨不透他何时会冲你发脾气，你不知哪里又伤害了他的自尊，不知怎样又引起了他的猜疑，不知他怎么突然之间对你冷漠残忍，突然之间又跪在你面前请求原谅喊你“宝贝”或“天使”……他不年轻也不英俊，还穷困潦倒，还患有非常可怕的“癫痫”。最要命的是，他嗜赌如命。他赌起来什么都不顾。他把身上的钱输光以后，就会以悔恨的方式跪在妻子面前捶胸顿足责骂自己，骂自己没让妻子过上好日子，以此从妻子手中骗取最后一点钱去赌。因为赌，他当掉了自己的订婚戒指，然后把结婚时送给妻子的胸针和耳环也拿走，当他把这些都输光后，又打起妻子那件破披肩的主意。最后他把妻子的订婚戒指、唯一的一件大衣和自己那件已当过一次但被妻子赎回来的柏林西服也当了……甚至在准备坐火车离开巴登结束那段疯狂的噩梦生活前一两个钟，他还抓紧时间又去输了一场……

我在想，是什么赋予了安娜与陀氏生活在一起且与之同甘共苦的勇气？她爱陀氏什么？如果说她是因为崇拜陀的天才才成为他的速记员的话，那么生活在一起以后，天才的光晕应该已经消淡了，陀展现出来的更多的是一个普通平凡的人，一个有着普通人的喜怒哀乐和七情六欲的人。

一个冲动暴躁的陀斯妥耶夫斯基，一个自尊又自卑、多疑又粗心的神经质陀斯妥耶夫斯基，一个穷困潦倒的陀斯妥耶夫斯基，一个患有癫痫病的陀斯妥耶夫斯基、一个嗜赌如命的陀斯妥耶夫斯基，到底安娜爱他什么？他到底有什么值得安娜去爱？

然而别忘了，陀是一个矛盾复杂的综合体，他虽然脾气暴躁、多疑粗心又神经质，但同时他又是温柔的、善良的、细致而又柔弱多情的。

这个给自己买西服的男子买的时候连想都没想过是不是也应该给妻子买双新手套，但他却会在从邮局或是画廊回来的路上买下各种各样妻子爱吃的甜点；如果在赌场上赢了，回来的路上他会给妻子捎一束漂亮的鲜花；他会陪妻子逛街，为她挑选帽子、领带，给她买鲜花和水果……（看到这些地方的时候我就会冲邓良喊："你看看人家陀斯妥耶夫斯基……你从来就没这么做过。"于是他就会检讨："是，我做得不好。"）

他很柔弱。在赌场上受了侮辱，回家后他会在年轻的妻子面前号啕大哭，像个小孩，唤起安娜心中慈爱的母性。

他傻得可爱。有一次他输光了，坐在一棵栗树下的长凳等妻子，帽子放在旁边，双手扶着膝盖，好像随时准备站起来。他焦急地左顾右盼，安娜都走到椅子跟前了，他都没有发现，只是聚精会神地盯着远方，手不时地从膝盖上拿起来擦擦额头上的汗，“他看了她一眼，可是没能够认出这就是她，眼睛只顾盯着远处”。

他善良而高尚。走在街上，只要有人向他乞讨，再穷他也会把身上所有的钱都给对方，如果没钱，他就会非常内疚。一次安娜和儿子扮成乞丐走到他跟前讨钱，他看都没看就赶紧从口袋里掏钱。

他温柔而多情。每天晚上，他都会到安娜的床前与她“告别”，抱着她一同跳入“大海”“畅游”。

还有，他的博大、敏感和细腻……

我想，是这些让安娜爱陀斯妥耶夫斯基，而不仅仅只是他的天才。是陀斯妥耶夫斯基身上闪烁的某些人性的光辉使她心甘情愿与他患难与共，过着非常人所能忍受的穷困潦倒而又颠沛流离的可怕生活。

和陀斯妥耶夫斯基一起，要承受很多东西。安娜是一个了不起的女性，一个伟大的女性。在她身上闪耀着崇高的品德：善良、温柔、宽容、坚忍和爱。这是非常重要的。如果没有安娜，没有安娜这些高贵的品质对陀斯妥耶夫斯基的抚慰，世界或许会少了许多伟大不朽的作品。

2008 年 8 月 16 日

如果一个人从未经历过爱情

如果一个人的一生自始至终都没真正经历过爱情，也没有享受过爱情带来的幸福，他（她）会怎样呢？我想他（她）多少会有点像张爱玲的小说《金锁记》里的曹七巧那样病态和疯狂。小说里的那个女人由于从未品尝过爱情的甘美（她虽有丈夫，但丈夫却是个终年躺在床上的残疾人；她虽属意于丈夫的弟弟，但由于与对方是叔嫂的关系，更由于疑心对方想谋取自己的钱财，而最终把这段感情扼杀在摇篮里），心理和人格就逐渐病态扭曲了。

她的病态表现在把儿子当成了自己生命中唯一的男人来加以占有，不容许别人与她分享。为了把这个男人拴在自己的身边，她先后给他娶了两个老婆，还让他吸食鸦片。当她发现儿子大有“娶了媳妇忘了娘”的势头，又毫不迟疑地把儿子“抢”回自己的身边，也就是以种种理由让儿子陪伴自己，以减少儿子与儿媳妇亲密接触的机会。她的病态还表现在喜欢向儿子打听儿子与儿媳妇之间的床笫之事，这样的一种喜好不仅是无聊的表现，更是这个女人由于自己这方面生活的缺失而引起的一种好奇和弥补心理。

她的病态尤为可怕的是表现在嫉妒心上。可以说，这个不幸的女人嫉妒自己身边所有拥有男人、拥有爱情、比自己幸福的女人。比如，她嫉妒自己的女儿。女儿年纪渐长还未出阁时，她埋怨她嫁不掉；等到女儿终于恋爱、订婚、沉浸在幸福的喜悦之中时，她却嫉妒了、愤恨了，她开始冷言冷语，讲种种不堪入耳的话来打击女儿，甚至处心积虑棒打鸳鸯，最终葬送了一段原本非常美好的姻缘。她也嫉妒自己的儿媳妇。她之所以要把儿子从儿媳妇那里拉回自己身边，就是不想让那些女人们过得太舒服。由于自己从未拥有过幸福，所以她无法容忍别的女人拥有幸福。她不但不让她们拥有幸福，还要狠狠地折磨她们。所以她从不吝惜对她们使用尖酸刻薄的言辞，用种种可怕的、不堪入耳的话语对她们进行精神折磨，直至达到摧毁她们幸福的目的。她就是通过这些疯狂的言辞和行为来发泄自己对这个世界的仇恨。

读到此，你会明白“嫉恨如阴间之残忍”这一句话。

这个女人的病态疯狂最终造成了整个家庭的悲剧：两个儿媳妇最终不堪折磨先后死去，一个抑郁而终，一个自杀身亡；儿子成了鳏夫、烟鬼，女儿也成了一个终日靠鸦片打发时光的老处女。

而这出悲剧的根源却是由于爱情和幸福的缺失。

别人拥有自己却没有，一种心理上的失衡感的确会在一定程度上扭曲一个人的心灵。对于某些人来说，爱情和幸福就像是一种精神的食粮，摄取得不够生命就无法健康成长。如果在没有幸福美满的爱情的同时，也没有别的精神方面的东西让心灵广阔起来，灵魂的确会生病和扭曲的。

美好的爱情和幸福的生活会让一个人心灵健全，会让一个人感觉到世界的友善与美好，而没有这样一份甘美，则会让一个狭隘的心灵发疯，乃至仇恨这个世界。

2011 年 11 月 2 日

让我们活出生命的激情

这对我是个难解之谜，我们总是贪婪索取、得寸进尺、欲壑难填。碌碌俗世光怪陆离，没有我的存在，希望你不会寂寞。当欲望多过需要，当索求多过需要，你会贪得无厌，我得找个更大的空间来存放。社会，你是疯狂的温床，没有我的存在，希望你不会寂寞。

这是电影《荒野生存》（肖恩·潘 导演，2008 年出品）主题曲的歌词。

如果我们能挣脱外在的束缚，完全按自己的心愿去生活，会怎样？我想我们的生命会因为自由而焕发活力，我们将能更敏锐地去看、去听、去感受，从而发现这个世界一直隐藏的美。但我们的生命往往被来自物质、世俗的价值标准、亲朋的期待等有形或无形的东西束缚，无法自在地生长，我们也因而渐渐变得胆怯、拘束、自私、冷漠……

影片的主人公克里斯以大无畏的精神，决心摆脱人类文明社会的毒害，按自己的意愿过活。他只身流浪、进入荒野。旅途中，他经历了很多，看见了高山、大海、河流……遇到了很多很好很有意思的人……这些经历充实和丰富着他的生命。他看见了大自然的美，看见了人的美，他爱这一切。只有在没有压力、没有恐惧的生命状态下，一颗心才可能敏锐地去看、去听、去感受，才可能发现美，也才可能真正去爱。被压力和恐惧窒息的心里，生长出的却只能是自私与冷漠。

正是在这样的旅途中，在荒野里，克里斯活出了真我，释放了青春与生命的激情，领悟了生命的真谛。虽然最后他被困荒野、死在荒野，然而他真正活过了。“哪怕昙花一现，活出自我原生态”，所以他在日记中写道：“我度过了幸福的一生。”他是笑着离开世界的，他躺在那辆似乎是上帝特为他安排的“神奇巴士”里，微笑着仰望车窗外高远的蓝天，白云后面有光射出……我相信那一刻，他看见了上帝的荣光，看见了天国，我相信他是沐浴着神恩离去的，他的灵魂飞升天堂。

影片根据真人真事改编。这位超级流浪汉，这位理想主义者，这位当代的梭罗死时年仅 24 岁。虽然生命短暂，但真实地活过，哪怕只是一瞬间，也胜过苟活漫长几十年。

我们也能够勇敢一些，活出一点生命的真实与激情来吗？

影片有非常壮丽的自然风光，歌曲和吉他演奏是音乐爱好者不可错过的。

2016 年 1 月 24 日

第二部分

玫瑰园

献给邓良

野地里的百合花

我走很远的路，只为了来看你——野地里的百合花！除了我，也许很少人知道你在这里，恐怕连蜜蜂蝴蝶也找不到你的居所。你远离人群，却在广阔的天宇下、寂寞的荒野中自在地生长。你如此生机盎然！纯洁和美丽点缀着那片土地的安静。就连所罗门王最荣华的时候，他所穿戴的恐怕也不如你啊！你的芳香，就连居住在天庭里的神祇也要醉倒；你所拥有的，地上的君王、天上的神灵也要嫉妒！而我独享这一切！我是多么奢侈、多么富有！

我躺在花丛中，和你一起仰望蓝天，感受你生长在旷野里的孤独和自在。如果一个旅人走过，他一定会惊艳于你的美丽！你的美和芳馨让他忘记了长途跋涉的疲惫，他将停下脚步，驻足欣赏。他将尽情吮吸空气中那无处不在沁人肺腑的芳香。他会和我一样，躺在草地上花丛中你的怀抱里，直到你的美深深印在他的记忆里，直到你的香气充盈了他的整个生命。然后他才会离开，精神焕发地重新踏上征途。可他再也忘不掉在荒野里看到的美丽和奇观，再也忘不掉那萦绕在他的记忆中无处不在挥之不去的幽香！

夕阳最后一抹余晖消失在地平线上。荒野暗下来了。我多么不愿离开。我多么希望能一直陪伴你，美丽的花儿！我多么希望能和你一起迎接夜晚的来临，看月亮在东山升起，看星星开满夜空；一起感受晚风和夜露的清凉……我多么希望我就是你，像你一样在广阔的天地间自在地美丽，像你一样在无人搅扰的安静中看日升月落、云起云灭，静静地走过四季，安然地迎接夏雨冬雪……

但此刻我要离去了。临走前，能允许我带走你的几朵美丽与芳馨吗？我将把它们供养在我茶几上的清水瓶中。看着它们，我将能栩栩如生地回忆你在荒野里的盎然和勃勃生机，以及你迎风摇曳时的妩媚和万种风情。我还要将你的美丽赠予我那些懂得美的朋友，我要告诉他们，在那人烟稀少的野地里，有一片美丽的风景；在那片不为人知的土地上，盛开着一些纯洁芳香的稀世花朵……

2018 年 4 月 9 日

今夜，我给你写诗

今夜，我要给你写诗，
为一棵草所承受的恩泽，
为一条河流所被赋予的激情
给你写诗，
用泥土的温柔
和植物的芳香。

在你熟睡的耳畔
轻言细语，我的呢喃
吹过你梦中的原野，
那里遍地的鲜花为你开放，
我灵魂所有的乐音
为你歌唱！

2006年12月12日

今夜无眠

今夜无眠，
在你宁静的鼾声中走向平原。
夜色苍茫的原野啊，
我梦的翅膀正悄然滑过，
以无声的速度
追随你呼吸的流水。
当你的呼吸漫过天际，
我的梦便滑入地平线，
跌落于夜的中心。

2006 年 12 月 15 日

我已爱上你很久

我已爱上你很久，
可你浑然不知。
每天，你从我的门前走过。

你的每一朵微笑、每一句话语
都镌刻在我心里，
而你浑然不知。

我的房门总是静静地开着，
静静地期待，而你浑然不知。
当你走过，我总是倚着门边
目送你的背影，你也浑然不知。

2008 年 11 月 13 日

爱上你的那天

我还记得
爱上你的那天我哭了。
那时屋内弥漫着音乐，
而窗外是金秋的景色。
我噙着泪水站在窗前，
一棵老树
正纷纷飘着落叶……

那日起，思念上路了。

2008 年 8 月 23 日

我希望鬓边永远簪着你插的玫瑰

亲爱的，我们已携手走过了五年。
五年，不算短的路程。
那么长的足迹，
那么多的脚印，
每一个都盛满珍贵的记忆。
我们仍将这样走下去吗？
依然精神抖擞地，
依然手拉着手，
说着，笑着，唱着……
永不疲倦。

亲爱的，我希望我们的爱情
永远年轻，我希望我们的爱情
永远充满这样清新的空气，

这样明媚的阳光，
这样醉人的花香
……

我希望我的鬓边永远簪着
你插的玫瑰，而怀中永远抱着
你采的百合……

2008年4月23日

很想知道

很想知道，那条联结我们的蜿蜒曲折的路到底有多长？

很想知道，那些分隔我们的山究竟有多高，河有多宽，海有多深？

很想知道，那些星罗棋布在我们之间的村庄有多美，城市有多繁华，人口有多密集……

很想知道，每天你都去过哪里，走过怎样的街道，看过怎样的风景，做过哪些事，见过哪些人，说过哪些话……

很想知道，当你独坐室内，一灯笼罩，是否也会想我，在幽幽虫鸣中，一如我想你？

2009 年 8 月 31 日

林荫道上的遐想

黄昏，我独自走在林荫道上。
雨后空气清新，落叶满地
车辆在身边喧响。
我漫不经心地走着，
沉浸在自己的世界
想着此刻你也走在
另一座城市的街头，
正与我相向而行，
想着我们也许会意外相逢，
就在那很远的林荫道尽头，
就在路边的某棵树下。

2009 年 8 月 31 日

我独自在阳台上欣赏三角梅

有时，我独自站在阳台上欣赏三角梅，
会不由得陷入遐思：
如果此刻，你也和我一同站在这里，
观赏这繁花满枝，多好！
而你，竟错过了许多花开的时候！

2010 年 3 月 23 日

在梦里

在梦里，我见到了你，
在梦里，我哭了。
我已不记得我为何哭泣，
我只知道那是一个不快乐的梦，
梦里，我并不快活。
连梦中大海的颜色也是忧郁而黯淡的。
沙滩上站着多少人啊！
都是些奇怪而衣着晦暗的人，
可他们与我毫不相干。
我沿着海边的路默默地离去，
默默地离开人群。
就在那时，你出现了。
你是那样莫名其妙又令人欣喜地
降临在我的梦中。你似乎拥抱了我，

而我呼唤了你的名字。
可你很快就突然消失了，再也没了踪影，
我甚至还来不及感受你的存在。
于是我哭了。我不知道我哭
是因为你不见了还是因为别的原因，
梦里你的容貌很模糊，拥抱也很模糊，
只有我在你怀中的那声呼唤
是清晰的、真实的。

我就那样哭着醒来，
醒来后也在久久地哭泣……

2010 年 9 月 29 日

匆 匆

匆匆的，你来了，
匆匆的，你又走了。
恰似一阵春风
飞渡万水千山。

不知下一次，
你吹绿我心的原野，
又会是何时？

初稿 2011 年 4 月 5 日
修改 2018 年 5 月 8 日

你走出了我的世界

没想到上次一别竟会是永诀。
我本来以为我们还会再见的，
我本来以为我们总有一天还会聚首，
那时我们会相依到白头。
你也说过你会回来找我，
你说过无论分开多久分隔多远，
我们的心都会在一起，
对此我深信不疑。

日子一天天过去，
为何你远去的背影越来越陌生？
你再听不见我的呼唤，
也看不见我哭泣了，
因你已不再是从前的你。

你渐行渐远，
以我不再熟悉的身影，
以我再不能唤回的身姿，
你一天天走出了我的视野，
也走出了我的世界……

2014 年 9 月 18 日

无　惧

多少次，你欲挥慧剑斩情丝
不愿被无益的情感继续磨折。
但只要他一来电，只要他的声音
在你耳畔轻轻响起，
你所有的决心就会土崩瓦解，
瞬间化为粉齑。你原谅了他曾让你受苦、
给过你伤害，唯盼再次见面，
倾吐别后的相思。

当他端坐在你面前，
宛若一尊天神，你就会忘记
他的自私、专横和冷漠，
忘记你曾因之哭泣和落泪，
你内心充满的只有欢喜。

你贪婪地盯着他瞧个不停，
目光不曾有须臾离开他俊美的面庞，
你的眼皮甚至不舍得眨巴一下，
生怕双眸中的幽潭有一秒钟不曾摄下
他俊秀的面影。他真是个美男子！
他的美让你芳心大动、目眩神迷！
他的美夺走了你女性的矜持，
使得你在众人面前也情不自禁想去抚摸
他铁一样结实的身体；想用雨点般的吻
滋润他柔软的芳唇；想双臂环绕他的脖颈，
像藤蔓缠绕大树；想拥抱他的身体，
如蒲苇抱着磐石。美色竟有如此魔力！
你终于明白：为何厄科
会为那喀尼索斯憔悴而死；
爱与美的女神维纳斯
为何会放下骄傲低声下气
乞求阿多尼斯的爱情；
拿破仑为何会拜倒
在约瑟芬的裙下；
吴三桂为何冲冠大怒；
古往今来为何那么多须眉男子
英雄气短、儿女情长？

你曾经鄙视那些徒爱其表之人，
认为他们浅薄，如今你竟跻身他们的行列。
你困惑的是，为何天使的面容
常不能与天使的心灵相伴？
难道竟如《聊斋志异》“画皮”的故事所揭示：
美丽的外表下，隐藏的是可怕的魔鬼？

你望着端坐在你面前的男子，
他俊秀的容颜无可挑剔。
魔鬼的外表如此美丽，
纵是圣人也难以抗拒；
如果诱惑如此迷人，
纵是魔鬼，你也无惧。

2015 年 5 月 4 日

那条路

我躲在一棵树下，
目送你和你心爱的姑娘
走过，止不住泪如雨下。
一个冬天的夜晚，
你有力的臂膀曾抱着我
走很远很远，也是在此刻
你们正经过的
那条路上。

2009 年 2 月 16 日

最后的邂逅

日落时分，街角那间书店。我游走在人类伟大的灵魂和文明之间，这时，他来了，他不是为我而来。他来寻找他的东西，他遗失了什么？他询问店主，他的声音落在我的心坎，我再无法专注于自己的寻找，一心等待他的发现。但他没有上前，没有招呼。他知道我的在场，无疑的。在匆匆离去的刹那，在转身的刹那，他一定看到了立于角落的我，因为直觉和眼角的余光都告诉了我，他的意外，他目光的少许停留。但他没有上前，没有招呼，他走了，逃也似的。我的眼泪突然掉下来。

他再也不会回头，再也不可能，他已下定了决心。我看到了绝望，他的，还有我的。

生命最黑暗最寒冷的时候，他曾带来光明和温暖，带来夏夜的萤火虫。现在他走了，连同光和热。我的生命重陷黑暗。没有他，没有他的爱，再伟大的人类灵魂也救不了我，再伟大的文明也不会带来希望。我已失去了他，从未拥有过他。

当我走出书店，置身街头，夕阳已完全消隐，太阳沉入地平线，黑暗已悄悄来临。

2006 年 6 月 12 日

如果不曾遇见你

——给一个女人

我从不知光明与温暖。
直到有一天，
你带着火，走来。

如果不曾见过太阳，
我不会诅咒夜的漆黑；
如果不曾遭遇火，
我不会埋怨刺骨的寒冷；
如果不曾遇见你，
也许我会微笑着
走向死亡；
……

爱的光焰明亮地一闪，
我走出天地的洪荒。
可永恒的光明在哪儿？
还有令人神往的福地？
既然爱的芬芳掠过鼻翼旋即消失，
既然你的身影才刚出现随即消隐。

黯淡的星空
照见夜的深沉与古老，
我找不到通向世界的路途，
只看见苦难的深渊。
今夜，在绝望的寒冷中
我将痛饮死亡之水。

2007 年 5 月 9 日

我曾经爱过

在今天清晨的梦中，我见到了你。
这个梦提醒我曾经爱过。
在春花盛开的季节，
我曾以一个少女
所能有的全部温柔、激情
纯洁无瑕地爱过你。
我还记得其中所有的细节，
记得我曾经怎样在雨中等待，
在风中哭泣……
那都已是秋风中的落叶。

时间流得多么欢快！
如果时光倒流，
我还会再次爱你吗？

很久以前，当我在你怀中
向你热烈地倾诉，
一次次对你说：“我爱你”
“我爱你”“我爱你”时，
你说：“有一天，当你回首，
你会觉得自己很傻。”
可我知道，即使回到从前，
故事依然会重演。
在那个春花盛开百鸟鸣啭的季节，
我无法不爱你。我无可逃避
青春的疼痛、命定的伤害，
恰如我无法拒绝生命的美好
与四季的流转。

2009 年 9 月 17 日

冬日的正午

——给一个女人

窗外，冬日的正午，
阳光发出金属的脆响，
旅馆的一个房间，
我的爱情在悄悄盛开。

怀着甜蜜的苦涩
我等候你，
等你来吮吸我生命的芳香，
等你来劫走我的灵魂。

一次次我心甘情愿
走向这青春的祭坛，
把自己奉献给你。

我知道，你不会与我远走，
不会把爱情移至温室
好好培养，
生活强大的法则注定：
你眷恋的只是我的芬芳，
我的生命只是你取暖的火。

当你把我体内的香气全部吸走，
当你通体温暖，
你满足地离去。
而你身后
花凋谢了，
火枯萎了。

2007 年 2 月 10 日

春天远去了

春天远去了，
我很清楚。
可我为什么对此难过呢？
因为花不再为我开，
鸟不再为我唱吗？
还是因为我根本就怀疑
花从不曾为我开，
鸟从不曾为我唱，
春天也从不曾真正地存在过！

约 2013 年

你是我心底的一道伤疤

你曾经手持利刃
在我心上狠狠地
刻下一刀。
你递给我一杯
烈性的苦酒，
我在疼痛中沉醉。

很多年过去了，
你依然是我心底的
一道伤疤，
虽然我已不再爱你。

2007 年 1 月 21 日

一个女人的一生

那盏灯燃得最亮的时候，
她爱过一些男人，
男人也爱过她，
他们隔山而坐，遥遥相望。

当她爱他们的时候，
她在山脚仰望，
而他们高坐云端；
他们追逐她的时候，
却要在海边徘徊，
而她是水中摇曳的花。
他们不是全部，而是同一个。

她爱过他们，

她爱过山顶上的那些云，
他们在生命中匆匆而过，
像身边一闪即逝的汽车。

2006 年 12 月 26 日

最美的花朵

我读书、写作、编织梦想……
我的生活貌似充实。
然而有时，我会在忙碌的间隙
突然停下："吾爱，你在哪里？"
于是我明白了，我所做的一切
不过是为了填补和遗忘
没有你的空虚。然而如果没有你，
所做的一切又有何意义？
我愿意停止一切追求，
只要有你。只要有你，
我将不再需要去栽花种草
和做白日梦，你就是最美的花朵
最馥郁的芳香和最甜蜜的梦想。
我愿意放弃世间的一切，

只要能和你在一起。
哪怕只有短暂的片刻
让我们肌肤亲吻着肌肤
嘴唇捕捉着嘴唇……
这样的销魂和真实
在我看来，就胜过世间
最美的花朵、最馥郁的芳香
和最甜蜜的梦想！

2017年3月9日于郦都

再来一次

我抬头仰望
看见了满天星斗，
从此，我不再害怕
夜晚和孤单。
但我依然怀念
与明月相对的日子，
一个人面对夜色的苍茫
虚空中的孤独，
因无望而哭泣！

灰暗的青春！
苦闷的岁月！
但我依然希望
它能重新再来一次，

那样繁星满天的夜晚，
月色朦胧的夜晚，
独守孤灯的夜晚，
独拥孤衾的夜晚……
再到我的生命中
开一次花吧！
让我和我所爱之人
再次相遇，
重新深爱一次，
在那贫瘠的土地里
爱得刻骨铭心，
爱得芬芳且艳丽！

2018 年 5 月 20 日

走在雨中

“雨丝飘呀飘，我们俩走在雨中，我们撑着伞，手牵手走在雨中。小雨落在我们脸上，也落在我们心里。小雨滋润我们的心田，也滋润我们的爱情。我们的爱情就像这雨丝，纯洁、温柔、缠绵……”

我哼着即兴编的歌曲，独自走在雨中，想象着那简单的词曲勾勒的画面：朦胧夜雨里，一对璧人一双丽影在一把伞下，他们依偎着，默默地走着雨丝包围着他们，在他们身边上下飞舞，那绵密的雨丝恰似万千柔情，倾诉着他们内心的万语千言。

“雨丝飘呀飘，我们俩走在雨中，我们撑着伞，手牵手走在雨中。”

唱着一尘不染的爱情，想象着动人的画面，我走在雨中，我的伞下没有别人。我独自走在漫天飞舞的细雨织成的网中，走在绵密的雨和朦胧的灯火织成的华美的网中……

2017年1月14日于郦都

风啊，请别摇撼我的窗

风啊，请别摇撼我的窗，
别掀动我的帘，
别吹乱我的秀发，
别翻弄我桌上的书页，
别弄倒我房间的摆设，
别吹皱那池春水，
别把远方的花香送入我的心脐
……
我想平静地生活。

我起身关窗，
风还在外面不停地呜咽，
摇摆着屋外那棵棕榈，

和着雨点，
整夜敲打着窗玻璃。

2017年11月20日

我不想在水边终日凝望自己的倩影

我不想在水边
终日凝望自己的倩影，
我不想变成水仙花
孤独地长在岸边，
让清冷的水映照我单影只形。
我要起身，离开湖畔，
结束孤芳自赏。
我要和那个爱我的女子相恋，
我不想她因为爱我而日渐憔悴，
我不想她消失了形体，
只剩下她徒然呼唤我的声音
凄凉地回荡在林中。
我要去寻找她，和她相爱，
和她像清风一样，

在树林中追逐，
穿过一片片草地，
越过一座座山坡，
去到那个叫伊甸的乐园！

2017年12月31日

失去的乐园

曾经，我们生活在伊甸园里。
曾经，我们相亲相爱，
在园中享受上帝的恩宠。
那时，我是你的骨中骨肉中肉，
那时，天上的飞鸟水中的游鱼
地上的走兽都是我们的，
园中处处盛开鲜花的笑脸，
充满鸟雀的欢歌，
溪流的快乐纯净清澈
……
直到有一天，
蛇把苹果递给我们……

从那日起，我们流离失所

在荒凉的大地上四处漂泊。
失去乐园的我们，
也失去了爱的能力，
我不再是你的骨中骨肉中肉了。
我们相互抱怨，
空自怀念昔日的时光，
在乐园的时光。
但再也回不去
那片天空大地和海洋了。
被诅咒的我们再无家可归，
注定要在大地上颠沛流离
风尘仆仆地行走
灰头土脸地寻找，
直至分道扬镳
各奔东西……

2017 年 12 月 5 日

等　待

春天来了，我走进那个久被遗忘的房间，
拉开窗帘，推开窗门，然后坐在桌前。
桌上放着一本书，它还保持着我上一次阅读时
打开的状态。我已冷落它许久，
书页上已蒙了一层厚厚的灰尘。
它在哀怨地等待……

是时候翻开新的一页了。
此刻，窗门已经推开，
帘幕已经收拢，
光照进来了，风吹进来了，
鸟儿在楼下春天的花园里歌唱。
桌面已经收拾干净，
东西已经摆放整齐，

清水瓶中已插入了鲜花，
香茶已经沏好……
而我已端坐在桌前……

2018 年 3 月 4 日

蝴蝶的一天

从酣眠中醒来，
仿佛从一场黑色的
长途旅行归来，
发现自己的肉身在床上。
鸟语敲窗，
晨光染白了房间，
满是夏日和光阴的味道。

带着旅途的丝丝倦意，
回味着那场不可思议，
深渊中的甜美。

起身穿衣，
收起粉红美女的秀发。

步出卧室，
拉拢所有的窗帘，
推开所有的窗门，
让风进来，
让清新空气进来，
让虫声和鸟声进来。
鸟声争先涌入，
它们扑棱棱乱飞的翅膀
拍疼我的脸。

烧开水，洗漱。
像一只刚破茧的蝴蝶
迎着那道光，
飞向新生的一天！

2018年5月7日

逝去的时光犹如安静的落叶

逝去的时光犹如安静的落叶
静静躺着，在其飘落的地方。
无数逝去的时光之叶
铺设来时的路
它们呈现岁月的金黄。

当某天停步，转身回眸
我会看见一条路——
从天之尽头
蜿蜒曲折走来，
时光之叶铺满路面。

我将往回走
我将不断弯腰捡拾

那些生命的片断。
在那漫长的路上
在那蜿蜒起伏的长路
我将不断往回走
不断弯腰、捡拾……
直到走向生命最初的源头
重新进入大地的子宫——

2007 年 8 月 16 日

继续拍打我吧

继续拍打我吧，
用惊涛骇浪，
把我雕琢成你们想要的模样！
用狂风暴雨来摇撼我，
用电闪雷鸣来震悚我，
把你们排山倒海的力量
倾注在我身上。
用香风来熏染我吧，
用溪水来冲刷我，
为我唱你们灵魂最美妙的歌曲。
像阳光那样照耀我吧！
像照着溪水中的一块鹅卵石！
在那块石中安放一颗心吧，
然后把它带走，

像飞鸟带走一粒种子。
把种子放到你们想要的地方吧，
高山、森林、荒原、湖边……
让它长成你们想要的植物：
高大的乔木或低矮的灌木。
但如果可以，
让我在荒原开出百合花，
疲倦的旅人啊，需要一缕馨香。
但如果还可以，我更希望你们
把我安放在陡峭的悬崖，
让我在那里眺望辽阔的大海，
观赏海洋无穷的变幻。
被惊涛拍过，被劲风吹过，
被海上日出的美景震撼过，
顽石也会生出翅膀。
有一天，我将像鹰一样腾空飞起，
在辽阔的天宇下
阅览大海的无穷无尽……

2017年4月5日于郦都

我把诗稿投进冬天的壁炉

我把已完成或未完成的诗稿
投进冬天的壁炉，
喂养那半明半灭的火。
当火苗由于吞食着稿纸
而快乐地跳动，
我找到了写作的全部意义：
使光明与温暖持续下去！

2007年6月2日

我这样度过隆冬

只要火仍在燃烧，
我就可以继续安然地
在壁炉前写诗；
只要我仍在写诗，
壁炉里的火就永不会熄灭——
我不断地把
涂满胡言乱语、奇思异想的稿纸
塞进它火红的巨口，
它多么喜爱那些
独一无二的养料啊！
它的舌头——
那些贪婪的火苗——
转瞬就把稿纸吞了、卷了……

而我，就这样

安然度过

一个又一个严酷的隆冬。

2007 年 6 月 4 日

我醒得太迟……

我醒得太迟……
醒来时，已错过了
黎明和清晨，错过了
日出，和拂晓时分的
鸟鸣。

已是正午，阳光火辣辣的……
清晨已经丢失，
我仅拥有此刻，以及
随后的黄昏和黑夜。
我将不再睡去，不忍睡去，
我珍惜此刻的阳光，
我将一直警醒地看着、听着……
让光明充分洒满生命的角落。

已错失清晨，不能再错失黄昏、
错失夕阳——
一天之中最后最美的壮丽。
我将目送太阳西沉，
然后，勇敢地走进
漫漫长夜……

2007 年 6 月 16 日

我想焚烧整座花园

我想除去我种下的每棵植物，
因为它们都没能达到
我所期盼的高度，
花不够艳丽，果不够甘美。

我甚至想焚烧殆尽整座花园，
然后，痛哭一场，
在大火前哀悼
被焚毁的一切。
我，连同那些植物，
或许能脱胎换骨
在烈火中重生。

可是，当我把手伸向它们——

我日常生活的情感的点滴——

不知为何泪落如雨!

2007 年 4 月 11 日

在那一刻来临前写下最美的诗句

它来了，它就在身边，
此刻正流经床榻，只要一伸手，
便可触及水样的清凉。
每分每秒它都从身边流过，
只是有时我并未察觉。

我屏息敛气，凝神谛听，
寂静中，它流得欢快而湍急，

我埋头写诗，恐惧使我写诗。
我必须在那一刻来临前
写下最美的诗句。
它将把我带走，连同我的床；
它将把我淹没，连同我的床。

我将永沉黑暗的大地，
可我的诗不会，
我不死的灵魂不会，
承载着我灵魂的诗稿
将漂浮于水面，
美丽绚烂如同花瓣。
它们将被打捞，
将被如获至宝地阅读，
世人将会知晓
曾经有过这样一个女子，
她毕生为美而活，
用美装点了自己的一生……

2007年11月21日

可以不要我洗衣做饭吗

可以不要我洗衣做饭吗?
可以不要我养家糊口吗?
可以不要我参与世俗的杂活吗?
可以不让太多的人
搅扰我的清梦吗?
可以给我一片
完全为我所拥有的空间吗?

我索要的是那么少,
我只需一片尚未开垦的
开阔空地,和一些
完全属于自己的闲暇。
我想做的事情很单纯,
只是要在内心的荒原

开辟一片属于自己的田野，
我要在那里种上玉米、水稻和高粱，
种上百合、玫瑰以及丁香，
种上金香木和白玉兰……

我还要在那里种下
绚烂的希望和梦想。

2007年1月15日

高更的选择

在人生旅程的中途，一天，这位证券经纪人突然听见一个神秘的声音在耳边说：别再这样下去了，你要走自己的路。他猛地一惊，停下脚步环顾四周，没看见任何人。这时，一条小路出现在脚边通向茫茫山野。踌躇了一秒，他改变原来的方向踏上未知的路。仿佛上帝的旨意，这股强大的力量由不得自己。从此，他与旧有的生活一刀两断，在那条崎岖的山路摸索、爬行。

要走向哪里？行程何时终结？他不知道。他被一股神秘的力量牵引，就这样跌跌撞撞在山路上摸索、爬行，忍饥挨饿、餐风宿露。

后来，他漂流到一座岛，那里有强烈的阳光、绚丽的色彩、淳朴的人……疲惫的灵魂找到了安息之地。就在那里，他在自己生命的调色板上抹上最美丽的色彩……而上帝也是在那里宣判了他行程的终结……

2007年6月24日

等待黎明

黑暗中，我静听时间流逝的声音，
等待着黎明的脚步。
当天色微亮，
曙光从窗外涌进室内，
小鸟在林中歌唱它们的欢欣。
我知道，新的一天已经来临，
我即将被同样一双神秘的手
推入日复一日的
生活的洪流。

2007年4月14日

另一支歌

365个日子纵队飞去，
蓝色的远山消失了
最后一个白色的身影。

而另一支歌
从天边传来。

2008年12月30日

我常独自在空空的舞台

我常独自在空空的舞台
唱歌，而且跳舞。
我的观众很少，
掌声也很稀落，
可我从不介意，
总是忘情地唱着、跳着。

我从不介意，
即使没有一个观众，
即使没有一声喝彩——

只要我的心
永远端坐在剧院
黑暗的一角

凝神地观看与倾听，
我的歌声和舞步
就永不会停歇。

2008 年 2 月 24 日

如果我的生命是
开放在幽谷中的一朵花

如果我的生命
是开放在幽谷中的一朵花，
会怎么样呢？
永远没有人知道，
连一只蜜蜂也不知道，
连一只蝴蝶也不知道。

只有阳光照耀过，
只有雨水滋润过，
只有微风轻吻过。

开了，又谢了，
安安静静，无声无息。

多么孤独，多么寂寥……

然而，又是多么美的
生命！

2008年7月28日

我相信

我相信有一天
我能写出穿越时光的歌曲，
它们将被无数人传唱，
那些歌声将飘满大街小巷
感动和陶醉着一代又一代的人。

我的歌是积极的、昂扬的和向上的，
它充满一切美善，
它给人以信心、力量和勇气，
因此它能穿越时间的厚墙，
给黑暗中的人带去光明。

是的，它将穿越
它将能够感动……

然而，谁知道呢？也许……

不管怎样，我相信
它至少能感动一个人，
在某个黄昏的街头，
远远地传来我的歌声，
有个男人被深深打动，
他抽着烟，望着远方，陷入沉思
想起了很久以前……

2008 年 6 月 22 日

我是个骄傲的人

我是个骄傲的人，
我认为自己酿的酒最香，
自己栽的花最美。
所有别人酿的酒
我都不屑于去尝呀，
所有别人栽的花
我都不屑于去赏。

我只陶醉于自己的花香，
我只醉死在自己的酒中。

2008年5月28日

酒的命运

有时，我会设想我精心酿制的酒的命运。
它将被装进坛子里，
然后被放进地窖的深处
与众多别人的酒摆在一起。
每天不断有人进来
取走他们喜爱的，
唯独我的佳酿在黑暗中无人问津。
这样过了很多年……

一天，来了位遍尝美酒的专家，
他认真检视所有的酒，
最后走到那坛孤独又沉默的酒前，
揭开了无人知晓的芳香……
随后，他怀着难以言喻的狂喜

搬走了整坛酒……

之后的事，我不说你也想得到，
我酿制的酒香溢满世界，
很多人因其醉死，
哈哈……

只是，当酒的命运发生翻天覆地的变化之时，
我早已在比地窖更深的泥土里
沉睡了千年……

2008年6月10日

我渴望成为一只鸟

我渴望成为一只鸟，
上帝却让我成为一棵植物。
在注定无法更改的命运里，
我只请求更多的阳光和雨露，
请求茁壮成长，请求开花结果，
请求繁衍。

若干年后，我的儿孙
会遍及天涯海角，
他们将在广阔的天宇下
迎风摇曳。而经由他们，
我将走遍大地的每个角落。

2008 年 7 月 17 日

我曾经死去

我曾经死去，
我曾被我的青春谋杀。
我躺过漫长的岁月，
在坟墓的黑暗中。
直到有一天——
一缕阳光穿过棺木的缝隙……
我醒来，仿佛醒自一场
漫长的睡眠。

推开棺盖，最先问候我的
是耀眼的日光。
给万物以生命的光啊，
驱走死亡的光，久违了！
还有散发芬芳的草木

……

怀着巨大的狂喜，
我亲吻大地，
我扑在大地的怀中，
仿佛回头浪子。
我哭泣着紧紧拥抱
这失而复得的生命。

2008年2月13日

如果时光能够倒流

如果时光能够倒流，
我将以新的姿态
重走那段青春的路径。
我将不再流连路旁的玫瑰花丛，
不再随意采摘那些诱人的花朵，
我的肌肤不会再被利刺划破，
裙裳不会再被荆棘牵绊。

我只投去几瞥赞许的目光，
呼吸空中醉人的花香，
然后继续赶路。
对于捧着鲜花迎面走来的少年，
我将毫不犹豫地推开。
一切阻碍生命行程的诱惑

我都坚决抵制。
我只对与我朝同一方向走的少年
展露灿烂的笑颜，
我甚至会把手伸向他，说：
让我们结伴同行。
如果他牵住我的手，
我们就会手拉手一起
欢快地向前奔跑，
朝同一个梦想。
那时，道路两旁所有的鲜花
都属于我们，当我们笑着向前飞行，
它们也会如艳丽的旗帜迎风招展，
向青春的生命欢呼致意。

2008 年 8 月 17 日

雨天的等待

楼外，在下雨。
雨声穿过紧闭的窗门
冲刷我的心扉。
我坐在灯下，手持书卷，
情思却漫游着……
哗哗哗，哗哗哗……
雨下得多么畅快！
我谛听着，谛听着雨声
和楼道的寂静，
期待静寂中有另一种声音响起，
一种坚实的足音敲打我的心坎。
但清晨过去了，
中午也已经结束，
雨停止了，

楼道却依然岑寂，
门，依然沉默。

在这个春天的日子，
我渴望一场欢愉的降临，
就像焦渴的大地在渴盼着春雨。

2010 年 4 月 17 日

我见过一片美丽的风景

我曾去过一个地方，
在那里见过一片美丽的风景，
它的美让我着迷，它的美唤起了我内在的激情，
它焕发了我的活力，让我感觉自己很年轻，
我仿佛恢复了青春，在一场热恋中……

我一直念念不忘，想着再去看它一眼，
想着要把它深深地烙印在自己的生命里，
也要在那里留下自己永不会磨灭的足迹。

今天，我重游了旧地。
但当我回到那让我日思夜想的地方时，
我发现一切都变了，一切都让人感到陌生。
变化的发生竟如此迅速，

昨天还令我心醉神驰的美今天哪儿去了呢？

昨天还闪耀着的光芒与艳丽着的色彩哪儿去了呢？

一切都苍老了、变灰了、黯淡了、消逝了、朽灭了，

只留下废墟与荒凉……

我因之而起的热情、活力、青春也在瞬间化为灰烬。

我终于明白，曾经的美，曾经的光芒、艳丽、辉煌，

都不过是我心的幻象，都不过是梦幻与泡影，

就像生活中的种种希冀与憧憬，

到头来都不过被证明是虚幻不实的海市蜃景。

我哭了，在生活这一严酷的真理面前，

我流下了眼泪，我为内心风景的变幻不定而哭，

为美不能恒定存在而哭，为一切都不过是我的想象而哭，

又为一切都与我的想象不符而哭。

2011年5月11日

今天，我意识到自己是安逸生活的囚徒

今天早晨，我非常强烈地感到自己是自己明亮居室的囚徒。

这个世上有无数的人像我一样被自己的安逸生活所囚禁。

我们终生奋斗、辛苦努力，结果只是钻进了一个牢笼里。

我们牺牲掉比生命还要宝贵的自由，结果只是为了待在一个牢笼里。

我们为了笼中一些微不足道的东西而甘愿放弃生命的广阔。

我们不敢走出牢笼去追求逍遥是因为害怕风吹雨打。

我们恐惧生命的变数，是因为变数可能意味着颠沛流离和重新变得一无所有。

于是我们甘做笼中的困兽。我们因而活得多么怯懦猥琐！

但我们不知道，生命的鲜活其实就存在于那变动不居之中。

D·L曾如是说过：生命是一条奔腾不息的河流，

它全部的美就在那不断的流动与变化之中。

今天，我意识到自己是自己安逸生活的奴隶和囚徒。

但也是在这一天，我的内心生出了力量去面对波澜壮阔的生命图景，

也生出了勇气去迎接风雨飘摇的人生。

我决定像一棵生长在天地间的树一样，

去迎接四季的变化，在春天接受和风细雨的滋润，

在夏天被烈日炙烤……如果不胜狂风的侵袭，

我也会微笑着欣然而庄严地倒在大地的怀中……

2014年7月23日

我被毒蛇咬了

我被毒蛇咬了，
我的右手臂因中毒而麻痹，而疼痛
而开始严重地扭曲变形。
我知道自己快要死了……
我陷入了痛苦和对死亡的恐惧中。
我哭了，流下了哀伤的眼泪。
我并不愿意这么快就离开这个世界，
我还年轻，还没活够，
生命还没充分展开，
还有许多事情没来得及做……
我才知道自己尚如此留恋着生，
虽然生命充满了苦痛。
我哭泣着拉扯生命的衣袖，
不让其离去。

死亡却没有迅速降临。
我开始寻求解毒的办法，
并盼望奇迹的发生……
就在等待死神和渴望生存的焦虑中，
我醒了。我多么高兴在此时苏醒！
春天清晨的花园传来如洗的鸟声，
我静听这美好的音乐，
知道梦中的一切不过是一场深刻的神谕，
而我还将继续活着，拥有这个世界，
我将能够继续活着去听、去看、去感受
这世上无比美好的一切……

2014 年 4 月 3 日

我已走了很远

我已走了很远，
远得看不见出发时的村庄，
也看不见目送我的亲朋了。
如今，我独行在一条荒凉的小路上。
我不会回头，我还会继续走下去，
为了探寻更广阔的风景，
我会不断走下去，走得更远
朝小路指引的方向。

远了，那生养我的小村庄，
远了，故乡的山山水水，
远了，我的亲朋好友，
我儿时的伙伴，
我的姐妹

……

我已不在你们目力所及的范围，

你们也已不在我的视线。

我永不会忘记你们，

即使不再将你们想起，

我要带着对故土的深情

浪迹天涯。

再见了，再见！

也许永远不会再见。

2017年1月20日于郦都

来一场大火吧

来一场大火吧，
让我在烈火中重生！

让我不再逃避不再抗拒，
让我顺从地接过你递来的那杯，
不管杯中的液体滋味如何，
我都一饮而尽。
把我从深渊中救拔出来吧！
别把我丢给撒旦，
别让魔鬼盘踞在我的心中，
让爱植根在我生命的大地，
让我的灵魂常得喜乐！
主啊，请你侧耳垂听
一个绝望的人

在深渊中哭泣，
她在等待你的救援！

来一场大火吧，
可以的话，
让她在烈火中重生！

——新年的祷告

2017 年 1 月 4 日于郦都

深夜的花园

深夜花园里静悄悄，
只有风声回荡。
风的手指在树叶间跳动
奏出它那经典的乐章：
“沙沙沙沙”，“沙沙沙沙”
昆虫在草中鸣唱，
寂寞在灯火里绽放……
我独自走着，
感受着夜的寂静。
月亮隐去了，
天空一片黯淡，
高楼上的火光渐渐凋零，
人们行将沉入梦乡，
或早已在梦中徜徉，

只有孤独的人深夜里清醒着，
和星星一样清醒着……

多少个这样独自漫步的夜里，
我憧憬着一场艳遇，
渴望一个和我同样孤独的人，
怀着和我同样寂寞的心情
迎面走来，与我相遇在温暖的灯光下，
或在开花的树前。四目相接的刹那，
我们无须言语，就心心相印、惺惺相惜，
仿佛我们不过是失散了很久的亲人，
如今终得重逢。

从此深夜的花园里，
少了单影只形，
却多了丽影一双！

2015 年 4 月 8 日

唱歌，如果有听众

唱歌，如果有听众
很好。有知音
就更好。没有也无妨
那就唱给小鸟听唱给草木听
唱给小溪河流高山大海
蓝天白云听，整个自然
整个宇宙整个天地
都是我的舞台
万物都是我的听众

当我在广阔的天宇下漫步
山水啊，请侧耳
风儿啊，请停止吹拂
云朵啊，请放慢脚步

听自然的女儿
为你们放歌
放一曲自然之歌
那清越婉转的歌声
从来都发自灵魂的秘府
那生命的深处！

2016年2月18日

我不是梦做得太多

我不是梦做得太多，
而是做得远远不够。
所以，还是别来惊扰我吧
让我更深地浸淫在梦里。
即使活到八十岁，
我还会编织彩色的梦想，
我就像一个小女孩，
只愿意活在童话的世界里。
别来惊扰我吧，
不要带来一丁点尘埃，
或远方的任何消息。
让我继续逗留在
那片草地或树林中。
如果你一定要来，

请携着山谷的气息
把我带到远方，
把我带到更远离尘寰的所在，
让我在那里做更纯净的梦，
唱更嘹亮的歌！

2017 年 3 月 13 日于郦都

我的世界常有狂风暴雨

我的世界常有狂风暴雨，
我的心就像一棵柔弱的树，
总要经受风吹雨打。
在那些电闪雷鸣雨狂风暴的日子，
小树常常被折腰。
但风雨之后，世界恢复安宁，
树又会在风和日丽中
重发枝芽、欣欣向荣。

主啊，请常与我同在，
让我的世界免受风雨欺凌，
让我的心在您的怀中得安息。

2016 年 2 月 23 日

风暴之后

风暴之后，
我总想远远离去，
深深遁入山林，
去到最接近神的地方。
在那里，鸟的欢歌
草木的芳香、山水的清音
新鲜的空气和玉露琼浆
会治愈我的悲伤。
而我会生出力量重回人世，
继续去爱去拥抱
那个纷纷扰扰热热闹闹
充满是是非非的世界。

2016年2月23日

我带着琴到深山去

我带着琴到深山去。
我面对着高山流水弹奏，
山水间回荡着琴弦的清音。
“子期，你在何处的仙山打柴？
你可听见山谷间的呼唤？
我等待你洪亮的声音
从高山密林深处传来：
‘峨峨兮若泰山，
洋洋兮若江河！’”

2017 年 4 月 17 日于郦都

今夜，　下雨

今夜，下雨。

今夜，神在夜深人静时哭泣。

我　无眠，

整夜　隔着窗儿倾听，

直到　雨流进梦里，

直到　雨流进心田。

在雨声中醒来

在雨声中醒来，
在雨声所营造的宁谧世界中醒来，
除了雨声再听不到别的声音，
这是多么奇异的感觉！
雨哗哗哗下得多么畅快！
我几乎以为雨是有生命的东西了，
因我听到了雨的快乐，
感到了雨的喜悦，
我甚至看见了雨
在欢笑着四处流淌与奔跑。
雨在多么痛快淋漓地表达自己！

我静听着，
静听着雨的快乐，

想象着被雨的喜悦所洗浴的世界。
而大地还在雨的笑声中酣眠。

2014年6月7日

一颗果实坠落

夜里，我听见窗外树林
一阵枝叶的窸窣声，
是一颗成熟的果实坠落，
穿过浓密的枝叶，
沉重地、一头栽落
在我梦中的土地。

2007 年 7 月 23 日

小花的爱

她生命的全部意义只在于爱他，
默默地、谦卑地、不为人知地爱。

她会一直保持那虔诚的仰望姿势一直到死，
如果不是黑夜将他们分离。
当他的光辉隐去，
她忧伤地藏起一个梦，
等待另一个天明。

坠入梦乡吧，
既然漆黑的暗夜消失了他的踪影，
如果他不再出现，
她就希望那是一个永恒的梦。

因为她生命的全部都只为他，
她醒着或活着
都只为他。

2009 年 2 月 23 日

他和她

他夜间的散步，
无非是为了遇见她。
他在她出来的时间出来，
在她的路线上相向而行。

孤独像剪刀一样追逼着他，
寂寞像深渊一样吞噬着他，
他渴望女人，
像溺水者不放过一根稻草。
她知道他的欲望，
却无法伸出她的手。
她常在他们即将碰面的时候，
拐进旁边幽暗的小路。

她不爱他，
她不可能爱一个
灵魂在黑暗中的人。
她知道他也不爱她，
他只是需要一根稻草。

他的生命在魔鬼的掌控中，
他的灵魂在空虚的大海里。

2018 年 5 月 5 日

游　戏

他们说，那是两性之间的游戏，
是成熟男女的游戏，
然而我不喜欢，
因为那样的游戏里，
没有真情和爱意。
我宁可独自栽花，
一个人清清静静地走路，
安安静静地发呆。
我的生命没有空虚到需要伤害，
我的日子没有无聊到需要欺骗。
在没有温暖只有肉欲的游戏里，
只存在腐朽和死亡。

上帝啊，请给我一个和我真心相爱的男人

否则就只给我清新的空气
明亮的阳光
和圣洁的甘露。

2018 年 5 月 6 日

忠　告

男人们最好停止
对阿尔忒弥斯的追逐，
别痴心妄想得到她的爱情
或与她成亲，因这位女神
早已嫁给了自由，
且已许诺对它忠贞不渝。
她爱的是无拘无束，
喜欢身穿兽皮，
在树林里弯弓搭箭，
射杀野兔或麋鹿；
她喜欢和清风嬉戏，
和羚羊奔跑；
渴了，就在溪边饮水；
累了，就在树下休息。
没有男人能让她离开树林，

对她倾诉衷曲全无意义，
甜言蜜语灌不进她的心里，
丘比特之箭对她不起作用。
她生来就不是给男人传宗接代、
延香续火，
甚至也不会给他们片刻欢愉。
她生来只为了给大地
留下她英姿飒爽的倩影，
她是大地上流动跳跃的风景。

如果你不信，
那就继续你徒然的追逐，
在她追赶她的猎物的时候，
你追逐她。她穿过树林，
涉过小溪，奔上山坡，
你在身后呼唤她，哀求她，
她视而不见，听而不闻。
她乐此不疲地追踪她的麋鹿，
而你却会绝望地死在
追逐她的途中。

2018 年 5 月 5 日

沧　桑

春天过去了，
千帆也已过尽，
楼前那棵树
不会开花了吧？

阳光依旧很好，
很白，很耀眼。
但我恐怕很难
再和一个男人
在明亮耀眼的阳光里
一起欢笑着奔跑了吧？

2018年5月5日

夜间的散步

每晚，我都到花园散步。
我总在邻居们都离去的时候才下楼，
一个人在夜深的花园里踽踽独行，
披着星辉，戴着月色，
听蛙鸣虫吟，
看风吹草动。
在不同的季节里走，
在不同的天气里走，
在风中行走，
在雨中行走，
在皎洁的月色里走……
我孤独的足音在更深夜静之时
踏碎过高楼上多少人的梦呢！

我就这样走过一个个夜晚，
走过春夏秋冬。

2018 年 5 月 5 日

夏天来了

每一场雨后，
夜晚花园里的蛤蟆都会叫得很起劲，
丰沛的雨水给了它们活力，
它们用歌唱来表达感激。
那洪亮而清越的声音里
仿佛装了弹簧，
我在那富有弹性和
节奏的韵律里听到：
夏天来了，夏天来了！

2018 年 5 月 5 日

驶向大海

一

我驾着小船驶向大海蓝色的深处，
海敞开胸怀迎接我，它掀起风浪，
让小船在波谷与波峰之间跌宕。
我在风口浪尖上笑。
我是多么喜爱这与众不同、
独一无二的迎接方式！
就让风浪来得更猛烈一些吧，
就让你的热情与爱意表达得更浓烈、
更酣畅淋漓一些，大海！

二

我常站在岸边眺望海天相接之处，

想象着目力不及的彼岸是个怎样的世界，
恰如我常凝视着海水
渴望知道大海蓝色的皮肤之下
到底隐藏着什么，
又或者渴望了解是什么赋予海浪
如此威力无边的强大。

永远解不开大海疯狂、沉默、热烈与宁静之谜，
而恰恰是这样的谜、这样的神秘
驱使我一次次走向那古老的存在。

三

清晨或者黄昏，
我赤足走在柔软的沙滩，
我踩着大海欢笑的浪花，
沿着岸边，一路弯腰捡拾
海的慷慨赐予——
那些五光十色的“礼物”。
我终于明白了《一千零一夜》里
那个男人的贪婪，
明白了他为何对宝藏中的每一件宝物

都爱不释手难以取舍。
我也要把大海的“馈赠”悉数带走，
即使那会把我累死、害死，
可死也是死在海的怀中啊。
于是我贪婪地捡拾，
而海在身后咆哮和大笑。

四

到了，离别的时候到了，
我们的聚散总是那么匆匆。
我还没饱餐你的秀色呢！
还没享用够你的爱抚与亲吻呢，
还没能触摸到你的神秘与大美呢，
时间那么快就迫使我们分离。
当然，事实上
无论与你相处多久，我都觉得不够。

别了，大海！
但我们很快就会重逢。
你很快就会出现在我清晨的梦中，
你很快就会在我清晨的梦中从远古走来，

用最古老最原始最天真的笑声呼唤我，
而我将会走向你，
像女儿走向母亲，游子走向故乡。
你不止一次这样呼唤过我，
我不止一次这样走向过你。

对于我，你是我的梦中之梦；
对于你，我是飘过你梦乡的蝴蝶
——大海！

2009年4月26日

致三叶草

只要他尚未出现在空中，
你就决不会张开你的叶，盛开你的花，
你的花叶俱在沉睡中等待。
一俟他的荣光从无限遥远的高空射出，
挥洒在你的身上，
你就会从深沉的睡眠中醒来，
怀着无比的喜悦沐浴他的光华。
你仰起万千的小脸承受他的恩泽，
如同恋爱中的女人尽情享受爱情的滋养。
但你不仅仅只是承受恩泽，
你更是在赞美和膜拜。
你的生命是他赐予的，
你也只为他而活。

你活着的意义就是反复吟唱
那支你用生命为他谱写的赞歌。

2012年5月2日

春天来了

一

春天来了，三角花在我的阳台上热烈地开放。
这些红色的花朵，从秋天燃烧到春天，
她们一路走来，一路高歌，
虽历严冬，她们生命的热情
却丝毫没有衰减。

二

风从窗外吹进来，
猎猎地掀动着窗帘。
我从睡梦中惊醒。
这是美好的春日午后，

阳光淡淡，鸟雀在窗外
唱着婉转的歌。

三

在沙发上看书的时候，
春风跑来亲吻我。
我索性放下书，走到窗前。
我迎风而立，尽情享受春的爱抚。
我看见春日午后淡淡的阳光
洒在每一栋楼的身上，
几只燕子呢喃着在楼群间飞翔。
高低错落、杂乱无章的建筑……
楼群间凌乱的高压电线……
参差不齐的建筑物顶上露出的
一小片天空……
这一切都没变……
但春天来了……
春天带着美好和温暖的气息，
又开始了她一年一度的旅行……

我把头从书页间抬起，

从日常生活的琐碎中抬起。
在春天美好的气息里，
我意识到自己已多久没听见自己
灵魂深处的声音……

2013年2月28日

壁虎之死

花了好多天，
它才从墙角爬到门口。
它的皮已蜕到了尾尖。
它即将完成生命的一道程序、
一种仪式、一次壮举，
它即将脱胎换骨、迎来新生……
可这时，猫来了……
一切戛然而止……
它的尾巴和皮遗留在门口，
它的身体在另一个房间，
那只猫守在它旁边。

2014 年 2 月 25 日

他们在敲门

笃笃笃，他们在敲门，声音清晰、响亮、急迫。寂静中，这清晰急迫的敲门声一再响起。我谛听着，却没有动，没去开门。我听到了那声音里的渴求、无助、绝望和希望。我知道他们在呼唤我，他们需要我……然而，我没有动，没去开门，我捂上了耳朵，甚至卑怯地逃走了。

敲门声继续持续了一段时间，然后就渐渐变得犹疑胆怯、模糊微弱，最后就完全消失了。屋内恢复了死一般的寂静。我放下了捂着耳朵的双手，倒在沙发上，痛苦地感到自己的自私、冷漠和残忍。我就这样拒绝了他们，我就这样将他们关在门外，让他们待立在黑暗中。他们最终只能转身走向黑夜，被无边的黑暗和恐惧吞没……

2014 年 4 月 21 日

等　车

我们等车在三岔路口。从清早到中午，一个世纪过去了，我们的车还杳无踪影。

天下起了雨，我们撑着伞，继续在路边引首翘望。

无数车从我们身前身后驶过，唯独没有我们所期待的。雨打湿了我们的衣服和行李，严寒切割着我们的肌肤，我们相拥着瑟缩在一把伞下。

汽车越来越频繁地从我们身旁驶过。各种各样的私家车：福特、大众、本田、宝马、奥迪、奔驰……我们等待的班车却迟迟没有出现。雨水打湿了我们的衣服，严寒切割着我们的肌肤，我们瑟缩着、相拥着……多么盼望有一辆车突然停在面前，有人摇下车窗探出头来问：你们要去哪里？送你们一程！然而没有奇迹。每一辆车都匆匆绝尘而去，以它们的冷漠和无情嘲讽着我们的贫穷和处境的可怜。世上那么多人拥有车，我们却要在路边苦苦等待。

雨越来越大，雨雾渐渐湮没了那把伞和伞下依偎的两个人，汽车继续从他们身旁呼啸着急驶而过……

很多年过去……

如今，我也有车了。但是，你在哪里？过去我们虽然贫穷，但还拥有彼此。然而如今，你在哪里？我们的爱情又在哪里？我驾着车，身旁的座位却空着，也许永远这样意味深长地空下去，唯有窗外不断退后的风景以不断变幻的姿势，安抚着车厢那唯一、孤独的旅人……

2017 年 1 月 9 日于湛江南亚郦都

我闯入了一片处女地

无意中，我闯入了一片陌生的土地。惊讶于那里风光的美丽，我驻足欣赏、流连忘返。当我愈是认识这片土地的美，我愈是不能满足，我想穷尽它的魅力。我于是继续行走，用双足去丈量和探索这片领域。当我漫步青青草地、眺望开阔的地平线，我盘算着：或许可以在这里种上苹果、葡萄和玫瑰……

深入腹地，我才发现这还是一片尚未开发过的处女地，虽有旖旎的风光，却也荆棘丛生、石头遍野。要想在这里开辟果园花园，得先把荆棘除净、石头清理……这决非易事……还没开始，我已感觉困难重重。在我之前，一定有不少人的足迹到过这里，他们也一定有过我那样绮丽的梦想：要在这里栽上苹果、葡萄和玫瑰……但大片的荆棘、遍地的石头止住了他们的脚步，最后，他们知难而退、纷纷撤离……独留下美丽和荒凉……还没有过一个真正的拓荒者，土地孤独着、寂寞着、美丽着、自在着……

我不知道自己能否在这里种上苹果和葡萄，但我想那并不重要，我喜欢这片土地，喜欢它黑色的泥土和它的纯朴，喜欢这里开阔明亮的地平线、高远蔚蓝的天空，喜欢青青的山坡上长满灌木丛，清晨时分，灌木丛和草地上满是晶莹的露珠，鸟儿在枝头间鸣转，唱着婉转的歌……光是漫步在这片年轻的土地，呼吸着清新的空气，就能叫我满心欢喜。看地平线上一轮红日冉冉升起，那是多么美的图景！

2015 年 8 月 3 日

遇见一棵开花的树

今天在路边看见一棵开花的树。它的美丽吸引了我。我停下脚步驻足道旁，欣赏那些素雅的花朵许久许久。空气中弥漫着一种淡淡的清芬，有蝴蝶在花枝间翩跹，有蜜蜂嗡鸣，有鸟雀在枝头跳跃。花瓣上还留着清晨的露珠，折射着旭日的光辉。风吹过，花瓣如雨般缤纷落下……我久久地观赏，直到忘我的地步，直到充分汲取了花儿的美丽与芬芳，直到闭上眼睛，还能看见那些天鹅绒般洁白的花朵铺满我记忆的天空，直到那些芳香无处不在充塞整个天地间……然后，我走了。我没有撷取一枝，虽然我多么喜爱那些粉妆玉琢一尘不染的花儿！但我更愿意它们留在枝头，因为那样，它们会美丽得更长久一些。我没有撷取一枝，但我俯身拾取了几朵还鲜妍着的落花，我只带走了那棵树几朵美丽的叹息。

我继续上路，那棵树目送着我。我越走越远，它目送着我。我走到天边，它还站在那里。它会一直在那里自在地生长，它会在阳光下继续开花、灿烂，它的枝条会在风中继续摇曳……

2018 年 1 月 28 日

起初

起初，他们真心喜悦着对方。第一眼，他们就彼此吸引。他们很自然地朝对方走去，拥抱、亲吻，享受其中的快意和甘美。但很快，一切变味了。他们突然扭作一团，相互撕咬。他们咬着彼此的嘴唇，直至都能尝到对方的鲜血。他们的指甲划过对方的背，以致那里留下道道血痕。他们咬着彼此的胳膊，恨不能撕下一块肉。他们掐着对方的脖子，恨不能止住对方的呼吸。他们恶狠狠地相互打耳光，清晰的指印烙在彼此的脸颊；他们还不断相互吐口水，企图把对方淹没在唾液的汪洋大海里。可怕的火焰燃烧着他们的眼睛，他们怒视着，恨不能生吞活剥对方。他们这样相互折磨，直至彼此遍体鳞伤、精疲力竭。他们终于安静下来，虚脱地、仰八叉躺在地上。

你无法理解，不久前还彼此温柔寻索、倾吐浓情蜜意的嘴唇，此刻怎么红肿且流着血？你无法理解，不久前爱抚对方身体的手，此刻怎会让对方伤痕累累？

他们哭了，为这一切的疯狂和毁灭。他们不知道这一切是怎样发生的？他们哀哀哭泣，跪倒在上帝面前，请求宽恕，请求拯救。直至上帝降雨，冲刷他们血污的赤裸的身体。他们重新抬头仰望，看见上帝的荣光从遥远的高空赐下，无比仁慈地照耀着他们。

2018年4月23日

一个人走在山中

一个人静静地走在山中，风声回荡在山谷，沙沙沙沙，沙沙沙沙……极细碎，极轻柔，仿佛山在微笑和低语。那是风的手指穿过山的秀发拨弄出的乐音。那乐音如此美好，让人想到那被拂动的秀发一定是细密的、蓬松的、丰盈的，且像缎子般柔软。

山的秀发在风的抚弄下波浪般起伏，整个山谷于是就充满了那浪涛此起彼伏的声音，沙沙沙沙，沙沙沙沙……我仿佛置身在碧波万顷、动荡不安的海里。

一个人静静地走在山中，除了风的呼吸和自己的足音，再听不到别的声响。午后两点，鸟雀们都午睡去了，只有风在低吟浅唱，只有山在轻摇浓密的秀发，沙沙沙沙，沙沙沙沙……整个山谷回荡的都是这种神秘而奇妙的乐音。

我驻足聆听，仰望那正微笑俯视和环抱着我的苍山，同时怀着敬畏之心环顾周遭蒙茸的树木、密布的藤萝和险峻的巨石……

2015 年 2 月 5 日于海口玛雅海景酒店

大海的激情

每月农历十几的时候，大海都会特别激动不安、心潮难平，原因是他所爱恋的女子——月亮——会在这段时间里，夜夜将自己的丽影，投进他的波心。当月亮的面容越来越圆满、越来越完美的时候，他对她的爱就会越趋狂暴。月月如此，年年如此啊！

自上帝创造天地以来，大海对月亮的爱就没改变过。多少光阴溜走，多少岁月流逝，沧海桑田，斗转星移，只有这份感情长存天地间。你完全可视大海为宇宙间最深情的情人，视他对月亮的爱为最坚贞的爱！

今夜，如果你在海边，你会看到被月亮的清辉拥吻的大海，是多么狂喜！他掀起强劲的巨浪，去冲刷沙滩、拍打礁石和悬崖，他让自己雄浑的咆哮冲塞在天地间，他把自己的情感赤裸裸地呈现在月亮的注视下。他如是表达自己对情人的爱慕与忠贞……

月月如此，年年如此啊……

2014 年 10 月 6 日

天空上的奇迹

越过飞机的翅膀，我看见蓝色的云层一直铺展到天边。在这蓝色的尽头，有一条玫瑰色的彩带镶嵌在这无边的蔚蓝与天空之间，而天空有着更加鲜亮和艳丽的宝蓝色泽。我感觉自己正被大鸟驮载着，飞过辽阔无边而波澜不兴的海面，那是真正的大海！

平稳而缓慢地，我飞向了海的另一个领域，远远的，我看见海面上有白色的微波涌起，很快，我就置身在无边的白色波浪之上。无边的白色浪波覆盖了整个辽阔的海面，只是那些浪涛、那些泡沫、那些翻腾和涌动都是静止的、凝固的、无声的。海浪翻腾得越来越汹涌，以至于白色最终完全吞没了蓝色。我感觉自己不再是飞翔在大海之上，而是飞翔在翻耕过的土地之上，那些沟壑和褶皱，甚至能让我感觉到那泥土的潮湿与松软。只是那泥不是黄色的，不是棕色的，不是红色的，也不是褐色的，而是白色或灰白色。在那白与灰白之间，有着丰富的色调与层次，只有最优秀的画家，才能准确地描绘那色调的微妙变化。

飞过翻耕过的土地，我来到了广袤的喀斯特岩地貌上方，在那远远近近、高高低低、层层叠叠的沟壑与山峦之间，我看见了那些岩石的厚度与硬度，它们有着美丽的白色光泽，让我想起奥基芙笔下花椒树的色彩。

面对如此宏伟壮观的景象，我惊呆了，屏住呼吸观看这一切。我怀疑飞机能否穿过如此厚重的云层而降落到地面，因为那不是云，而是真正的泥土，真正的岩石，是坚实的大地。如果飞机能够穿过，那必定是一个奇迹。我密切注视这一奇迹的发生。

当飞机俯身向下越来越接近那些岩石的时候，岩石慢慢变成了草丛，是那种有着浓密、柔软秀发的香茅草。那浓浓的长长的秀发四散纷披，松软而富有弹性。草丛很快又变成了枝叶婆娑的大树……

当飞机贴近云层的时候，机身下方出现了一个巨大的灰色深渊，而我又一次看见了大海。在灰色的深渊之外，辽阔的海面上布满了美丽的白色冰川，而我正向深海中沉落……海浪开始迎面扑来……又高又猛的海浪在我面前形成了一堵白色的高墙，我感觉自己被完全淹没，以致艰于呼吸。但很快，有白的云、灰的云从头顶上方飘过，飘动的云朵背后露出天的蔚蓝。

在静止无声的沉落中，海底的景象慢慢显露了出来。我越来越清晰地看见深海中的草木，看见了田畴、房屋，看见了蜿蜒曲折的小路……最后，我稳稳地降落在这些景致的怀抱中，足踏最真实又最坚实的大地。

2014 年 1 月 4 日

我的飞行之旅

我推开窗，探身出外，然后张开双臂，俯身向下……我轻盈地飞出了窗台。

我一直朝田野的方向飞去，朝那片莽莽苍苍的大地飞去，飞了很远很远，直到在你的眼中变得越来越小，直到消失在你的视线。

阳光照耀着大地，我在广阔的天宇下翱翔，像只大鸟一样上下翻飞。我在高空之上俯视大地的万千形态。当我享受够飞翔的乐趣，我缓缓降落，轻盈着陆在一条田间的大道。双足一触及大地，我就奔跑了起来，我迎着清风沐浴着阳光奔跑。路两边金色的田野里稻浪起伏，每一棵稻苗都在向我不断鞠躬致意。我赤裸的双足感受到沙土的温热。我沿着那条笔直的道路奔跑，直至充分地享受了生命的自在和无拘无束才停下来。然后我摊开手脚躺在大地上，像一个写在地球表面上的“大”字。我仰望着高远的蓝天，天空上白云朵朵。被阳光烘烤过的大地的温暖遍及我的全身。我嗅到了青草的芳香、泥土的气息，我听到了昆虫的鸣奏、鸟雀的欢歌，小溪在身边淙淙流过。我久久地躺着，享受着阳光、清风、芬芳的气息和山水的清音。我的目光在蓝天白云之间搜寻，想要看见那张在高空之上俯向我的面容，那双隐在云层之后的深邃眸子一直在注视着我。

当我获得充分的休息，我再次起飞。仿佛受到了某种不可思议的力量的牵引，我缓慢地离开地面，先是头部，然后是背部，接着是臀部、腿部，最后是双足。这一次，我没有张开臂膀，我的双臂一直垂放在身体的两侧，但我毫不困难就飞离了大地，我一直向空中飞升而去。后来，我到了一座陡峭的高山。我沿着山的坡度向山上飞去，进入了幽暗寂静的山林。我仿佛空中的一条游鱼，在树林间自如穿梭。我就那样飞啊飞、游啊游，最后就消失不见了。我隐没在山的幽暗与神秘之中，或者说是被山的深邃和神秘吞没了。

2016 年 12 月 20 日于湛江南亚郦都

落　花

我走过树下，
看见了一朵朵美丽的叹息——
那些还鲜妍着的落花。
就像一颗颗需要抚慰的
哀伤的心，
它们无助地躺在那里。
我拾取它们，赏玩它们。
明天它们将彻底
憔悴枯萎、香消玉殒，
但此刻，
它们在我的手中。
我赏玩它们，
我的心疼痛着……

2018 年 6 月 1 日

后记：我的文学之路和鸣谢

小学毕业那年暑假，一个阳光灿烂的日子，同学莲来访。在那间被四张床和一张旧书桌占满空间的“妹子房”里，我先是对她朗读了一篇我新近写的“得意之作”，然后就开始对她侃侃而谈我的理想。我告诉她，将来我想当一名作家，还说，为了能成为一名作家，我决心要上大学，因为所读过的作文书告诉我，当作家是会穷困潦倒的，如果没有一份工作；而为了要有一份工作，就得先上大学。

那是我生平第一次如此庄严地思考自己的未来，也是第一次如此煞有介事地和别人谈论自己的抱负。我躺在最靠近门口的那张没挂蚊帐没放枕头被褥的空床上，双手枕在脑后。我的眼睛瞪着房梁屋瓦，却看不见这一切；我的目光早已穿透这些，而心思遨游在云海天外……我完全沉浸在对未来的遐想和憧憬之中，对自己将来当一名作家充满了信心。而莲对此也深信不疑，我刚才朗读的文章令她拜服不已。她是我那时最好的读者与听众。她坐在床边，一只手撑在床上，上身侧着倾向我。她一句话也说不出来，只带着无限钦慕和崇拜的神情望着我，静听我诉说自己的白日梦想。而那时，她还没找到自己人生的方向……

时光荏苒，一下子过去了那么多年！昔日情深的姐妹早已分道扬镳各奔东西，走进了各自的生活和世界，彼此也已生分和疏远，但年少时那幕情景还历历在目，那份情谊还埋藏在心间……

为了实现作家梦，上初中后，我开始在功课上下功夫，因为要上大学嘛。每天放学回家，我都待在那间被四张床和一张旧书桌占满空间的简陋房间里复习预习功课，我拒绝电视的诱惑、克制阅读的欲望，我不放纵自己。日以继夜的奋战使我很快成了成绩优异的学生。有一年期中考试，我考了全校总分第一，还因此在大会上受到了表扬。而在那之前，我已经有很长一段时间数学考试不及格了。小学四年级，我的数学成绩只挣扎在合格的边缘；到五六年级，我就没法考及格了，我甚至因此担心要留级而无法小学毕业。但自从我在那间四壁晦暗、灯光昏黄的窘迫房间里纵身题海，情况就有了改变。我各科成绩都名列前茅了，然而我写作的天分却没有得到发展，因为我既无暇阅读也无暇写作。当然我的作文还是常常得到老师的赞赏的，还在作文竞赛中拿了初中组第一名，然而我的天分终究没有发展。那时同学中流传着世界名著，《简·爱》《安娜·卡列尼娜》《复活》……有一两本传到了我的手中，我大概是那时候接触了托氏的作品，虽然那时读这样的巨著跟没读差不多，但那毕竟是我初次与西方正典面对面，它们为我打开了通向世界的一扇窗口。也是在那时，我读了《西游记》《水浒传》《红楼梦》等古典作品，都是莲从她叔叔那里为我借来的。你可以想象，我拿到这些书是多么高兴。最初的阅读是艰难的，因为那些都是大部头的正典，但这正是我文学之路的开始。然而，我读得很节制，我克制着自己阅读的欲望，我不放纵自己，因为我的心中始终记挂着功课。唉！我想要当一名作家，却不知道自己南辕北辙。没人告诉我应该怎样做，我只能被一些书错误引导，与自己梦想的方向背道而驰、愈行愈远。

上了高中，我对几何、代数、物理、化学等科目终于失去了耐心，我也再拿它们没办法。我索性不再追求它们，不再为它们多费心。与此同时，我重新投入文学的怀抱。再没什么能比大师的语言更能滋润和抚慰我枯涸已久的心灵。这时候，我读了雨果的《悲惨世界》、陀斯妥耶夫斯基的《罪与罚》等。我的心灵被深深震撼！那时我在离家一百多公里之遥的地方念高中，那里的镇上有一家小小的书店，叫源泉书店，店里橱窗摆着一些盗版的世界名著。每个学期，我从伙食费里节省出一些钱来，然后步行到镇上买书。我新学期的第一篇作文让我高二的语文老师张碧英女士极为惊艳，她对我非常赞赏。我给学校文学社投稿又引起了负责文学社的老师龙益得先生的注意，他拿着我的文稿到教室找我，叫我修改，又邀请我参加文学社的活动。上高三的时候，龙老师成了我的班主任和语文老师，有一次，他竟然放手让我给同学讲课，我在讲台上和同学分享了两首席慕蓉的诗。龙老师帮我投稿，我的一篇文章刊在了《中学生语文周报》上；龙老师又拿这篇文章参加雷州市的中学生作文竞赛，结果获得了“雷州之春”征文竞赛一等奖。然而今天回想起来，中学时代那些矫情的文字是多么不值一提！那时我离文学还何其遥远！

我爱文学，但高考填志愿的时候却鬼使神差没有报中文专业，而是报了英文专业。对此，龙老师大惑不解，他一直希望我能进大学继续攻读文学。我不知道哪根筋搭错了线。结果我没被外语学院录取，却进了历史系。然而我不爱这个专业。中学时代枯燥乏味的历史课，没完没了的年代和事件的记忆，使得我对历史学无法产生兴趣；大学时代莫名其妙的课堂也没能使我找到进入这个专业领域的门径。于是，我置自己的专业不理，却投身到文学的怀抱。我到图书馆去，读川端康成、三岛由纪夫、莎士比亚、屠格涅夫、雨果……读《基督山伯爵》《飘》《呼啸山庄》《静静的顿河》《百年孤独》……然而我的阅读是随心所欲没有方向的，我的阅读可以说是出于精神的饥渴，也可以说是为了打发时间。这个阶段，我也没有怎么写，参加过系里的几次征文竞赛都拿了第一，但那是不值一提的。写过两三个心情故事投到广播电台，结果在节目中播了出来，同学听到后跑来告诉我；还有一次我在宿舍也和同学听到了。然而没有稿酬，我就失去了给电台投稿的兴致。我把稿子寄给龙老师，老师回信叫我投到杂志社，我就知道再不能依赖老师了。然而我也没有投到杂志社。一次看到学校文学社征稿，我投了两篇稿子过去，结果刊在了文学社的刊物上，其中一篇是关于三岛由纪夫某篇作品的评论。还有一次是同学向我约稿，我就为他所在的学生会部门办的刊物写了篇稿。这大概就是我大学期间比较正式的一些写作。但此时我还有一种更个人化的私人写作，它们以一种独特的方式存在，也就是写情书的方式。在那个不懂爱情的年龄，却自以为自己在爱，于是一次次地向自己所恋的对象倾吐衷曲。这些不宜示人的文字却是真感情的宣泄和表达，其中有非常珍贵的东西与艺术的精神相暗合。可惜那些信件都散佚了。

大学四年，我和很多在校大学生一样，浑浑噩噩、虚度时光、糟蹋青春。最后一年，我觉醒了，精神上却极为苦闷。从迷梦中醒来，茫然四顾，却找不到方向和出路；即将踏入社会，却没有真本事，没什么比这更让人心虚和慌乱的了。最后，我决定考研。那时考研的风气已经非常盛行，我一个彷徨的人，终于也被这股潮流裹卷，投身于浩浩荡荡的大军之中。有了努力的方向，一颗心才安定下来。但那是参加工作以后的事了，因为毕业前准备时间不够。这一次，我又鬼使神差没有选择文学作为自己的攻读方向，皆因为一个男人。那男人是一个美术老师，我读大三那年遇上他，然后就坠入了爱河。一颗备感孤独和空虚的心灵需要爱，我只能这样解释我的青春。因为爱他，自然渴望走进他的世界，这就是我选择美术史论作为自己考研的专业方向的原因。毕业后，我就忙着应付工作和准备考研。因为人生有了追求的目标和努力的方向，爱情也就不那么重要，那男人也渐渐淡出了我的生活。但这时，命运又安排了另一个男人来到我的生命中，那就是邓良君。邓良君彼时和我同在一所中学教书，他是语文老师，一个热爱文学的青年。他在工作之余经营过一间书店。我还曾经饶有兴趣地去看过他的书店，当时他正端端正正坐在收银台前看书。然后我们有了一些交流。对文学的共同热爱使我们有了一些话题。在初次的交谈中，我们谈起了王小波。我刚好读过王的《青铜时代》，感受过他独特的叙事风格；但邓说他的《黄金时代》更有趣。我表示了想读这本书的热望和兴趣。邓说他有，但被人借走了，一时半会儿可能拿不回来。但没过几天，他拿着这本书过来了，我真是喜出望外！我从阅读中得到了极大的快乐！后来，我们就在一起了。我们常常一起读书，一起在读书的过程中欢笑。没什么比我在阅读的过程发出咯咯的笑声更能让他开心的了。那时我们的生活还很艰难，很贫穷，但我们的内心有着对彼此纯真的感情。一起读书的日子是那段黄金岁月最幸福美好的回忆。半年后我收到了录取通知书，然后我就上广州去了。一年后，邓良君放弃他有编制的安稳工作来追随我，从此开始了他漂泊无根的生涯。唉！我真不知自己的出现在他的生命中意味着什么！是福还是祸？邓良君年少时就立志当作家，然而朝不保夕的生活使得他为生存疲于奔波，很难有时间安定下来读书写作。

读研期间，我开始尝试写作。邓良君是我每篇文字的第一个读者。每每看完，他总是大声叫好，连连称赞，我就是这样被鼓励着一篇篇写下去的。有时想想，觉得邓真是上帝派来唤醒我久已沉睡的文学梦的使者，如果没有他，我可能永无法与文学和写作结缘；正是在他的鼓励、指引和帮助下，我在文艺的路上一步一个脚印地走了下去。

2006年初，我的处女作发在了《青春》杂志上，并因此而结识了作家鲍十。鲍十先生当时任《广州文艺》副主编。他看了我的文章后打电话向我约稿，还邀请我参加《广州文艺》杂志社那一年举办的文学笔会。在鲍老师的帮助下，我的作品多次被《广州文艺》采用。对于一个初学写作的文艺青年来说，能得到被张艺谋赏识的作家的肯定，是一种极大的鼓舞和荣耀！我对写作就更有信心了。

就这样，我一直写到今天，于是有了这本集子。因为这本集子，我敢说自己年少时的梦没有白做，至少现在我正朝儿时的梦走过去。这只是一个开始，这只是我生命开出的一些朴素的花朵；但我会一直写下去，我相信未来我的生命会开出更加美丽的花！

今天，无论生活中发生何种变故，我想我都能够坦然面对；无论身处何种境地，我都会收获平安喜乐。我将不会再有当年大学毕业之际那样的彷徨和恐慌。我想，这就是文艺给我的力量。在阅读和写作中，我得到了成长，我找到了归属和使命感，找到了自己的价值。

为此，我要感谢在我追寻的路上帮助和鼓励过我的朋友。

谢谢邓良君，他无比温柔、善良、宽厚的心胸和谦逊的品格，于我而言，意义非凡；谢谢鲍十老师，谢谢他的赏识，谢谢他为本书作序，以及为书籍的出版提供的帮助；谢谢花城出版社的编辑林菁女士，她为书籍的出版提供了很多帮助和有益的建议；谢谢为本书排版的朋友，以及出版社的相关工作人员；谢谢我中小学的语文老师，他们的赞赏和肯定让我发现了自己的潜能，其中尤其要感谢我初二的语文老师杨锡旺先生，他曾对我的文字有过热情洋溢的赞美；谢谢高二语文老师张碧英女士，我很喜欢听她的课；谢谢高三语文老师龙益得先生，谢谢他一直那么欣赏我，谢谢他带我参加文学社活动，帮助我的文字第一次变成铅字，让我的文章获奖；谢谢同事李天白老师对我文字的喜爱；谢谢张文举老师对我才华的赏识；谢谢那些在网上微信上阅读过我文字的朋友们；还要特别感谢我的同学黄贵勇先生，他为本书的问世提供了经济支持，感谢他无比的仁慈和慷慨！

2017 年 10 月 28 日于湛江